ある陽気な旅

——パタゴニアを超えて——

志水貞夫

鳥影社

目次

ある陽気な旅

——パタゴニアを超えて——

ある陽気な旅

八月は避暑やお盆〈旧盆〉休みを兼ねての旅行シーズンだと思っていましたら、今の日本では、欧米からの働き過ぎとの批難に応えてか、はたまた金余り現象の結果か、一年中が旅行シーズンの感があります。

とは申しましても、金余りグループの枠外にいる私にとりましては、せいぜい年に一回旅するくらいが無理のきく範囲です。今年も八月半ばに、現在住いする埼玉県上尾市から姫路の片田舎への里帰りを、まるで翌日の遠足を待つ幼子のように楽しみにしています。

旅の思い出をノートに整理したり、写真集にしたり、あるいは日記にメモしたりと、皆さんそれぞれ楽しい思い出の記録をお持ちのことと思いますが、私の数少ない旅の数コマを紹介します。所も名前も今ではスッカリ忘れてしまいましたが、ペルー滞在中の体験をお話したいと思います。

高原列車が名も知らぬ駅に一休みするたびに、現地の子どもたち、娘たちや大人たちまでが、パン、トウモロコシ、トマトなどの食べ物から、ネクタイにもならないがとてもカラフルで美しい紐、一体何に使うものか頭を傾げなければならないような品々、贋金で作った土産物などを売りに来ます。

ほとんどの駅にはプラットホームがないので、売り子たちは線路横から声を出さなければなりません。大声となり、勝手に叫び回り、まるで収拾のつかない魚河岸のセリ市のような有様です。

なかにはチャッカリした売り子もいて、始発から終点まで乗り込んできて、列車が停車するたびに駅に降り、各駅の売り子たちと混ざりあって、物を売ります。

車掌もそこは心得ており、売り買いの状況を見計らっては、次の駅に向けて列車を出発させるのです。

したがって、停車中に窓を開けようものなら、我も我もと黒山のような売り子たちにせがまれ、役に立たない物を、好奇心と安さで買ってしまうことになります。ついつい荷物が嵩張ってゆきます。

こんな光景はどこの駅とて同じことで、年に一、二回しか風呂に入ったことがないとしか思われない顔や手をした娘たちが、食べ物をワシ掴みに車窓に突き出す姿をシャッターチャンスとばかり楽しんでおりました。

長い列車の旅であります。腹も減ってきますが、垢の付いた黒い手で握った食べ物だと思うと食欲がわきません。といっても、満員の車内で人を掻き分け、売り歩く売り子たちの姿も似たり寄ったりです。しかも身近で見るだけにいっそう違和感が強くなります。

食べてみると結構いけるのですが、慣れない高地での旅のせいもあってか、軽い高山病に罹

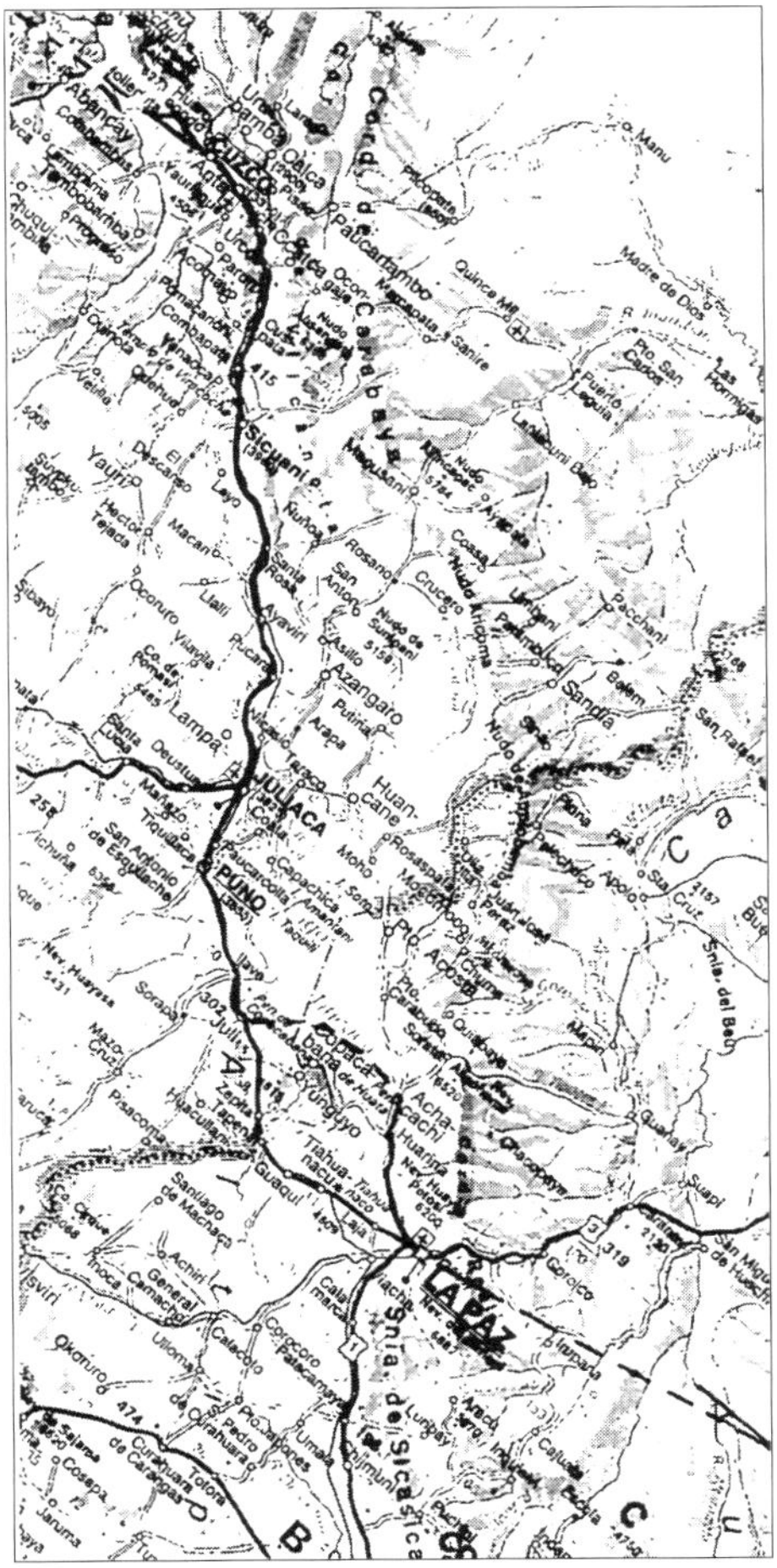

「avión」— Lima（リマ）—「avión」— Cuzco（クスコ）—「Trin」— Juliaca（フリアカ）—「Bus」—Juli（フーリ）—「Barco」— Achacachi（アチアカチィ）—「Bus」— Lapaz（ラパス）—「avión」

っているらしく、胸がムカムカして胃袋の中へ流れ込んでいきません。

思い出してみると、この高原列車で、私たちはヘソ（臍）という名前の町からフリアカ（降り垢）という名の町まで旅したのですが、この列車は、およそ六〇〇キロを十五時間もかけて走る陽気な列車でありました。

車内には山高帽に大きな風呂敷を背負ったオカアチャンも乗っておれば、スキあればコソ泥に変身する若者もいます。網棚で寝そべって笛を吹くオトッチャンもいます。あらゆる種類の人、人、人で一杯であります。

窓から空を眺めれば、どこを見渡してもまことに素晴らしい。ライトブルーで果てしなく澄み渡って、昼間でも星が散らばっているような錯覚を覚えます。聞きますと、一年中、青空で、雲も滅多に掛からないそうです。

左右の風景は、水嵩の少ない川を挟んで、ある時は地平線の彼方まで広がる壮大な原野となり、ある時は山肌が手の届くほど近寄ってきます。その山裾には、首長山羊、小型ラクダ、牛、羊の群れが、痩せた草を食べながら、もの珍しそうにこちらを眺めております。

遠くに見える山並み、近くに見える山肌は、全て北アルプスの槍ヶ岳や穂高岳のような姿をしており、南側を中心に山麓から頂上まで雪に覆われております。

裾野ですでに一本の木もないところから察しますと、相当の高さであることに気が付きます。

海抜四〇〇〇メートルくらいかな、いやこの列車が四二〇〇メートルの高原を通過しているのですから、少なくとも六〇〇〇メートル近くなければおかしいと思います。

そして、今は夏というのに雪があります。したがって、冬になると、この一帯は銀世界になるものと思っていましたら、夏に雪が降り、冬には原野にも山にも雪がなくなるとのことです。隣座席の世話焼き爺さんから教えられました。ただ、その理由を聞きましたが、よく分かりませんでした。

想像するに、北の暖かい水蒸気が冷たい山肌に触れて雪になるのではないかということらしいのです。そう聞けば、この一帯は屋根のない家が多いようです。屋根がなければ家ではないと思う人もありましょうが、事実、屋根がないのです。雨が滅多に降らないことにもよりますが、結構寒いのに屋根なしということは、貧しさ以外の何ものでもないと思います。

発車して一〇時間も経ったでしょうか、いよいよ難所の四二〇〇メートルに差し掛かりました。単線であっても、毎日走るわけではありませんから、時間を気にする必要もないのでしょう、小休止です。なんと、その原野の真っ只中には、コンコンと温泉が湧き出ているではありませんか！　何十人もが同時に入っても狭すぎることはありません。大勢の旅行者が先を争ってワイワイ喋りながら寛いでいますが、さすがにご婦人客は一人もいません。八頭身美人の入浴姿をひと目見たいと思ったのですが、そうはいきませんでした。

昼間のながいこの地方でも、十四時間近く列車に揺られていますと、太陽も西に傾き、疲れも倍加してきます。高山病で頭が痛みます。時計を見ながら、あと一時間の辛抱だと思った頃、列車が突然、湖の中を一直線に走りだしました。車窓からの眺めは、どこまでも水上を走り、その果ては湖底に消えてしまいそうです。

やっとの思いでフリアカの町に着きました。途中下車です。駅は黒山の人でごった返しています。嵩張った荷物を盗まれないようにお互いに方策を立てました。

ガイドが構内のプラットホームまで迎えに来てくれていました。その面構えを目にして安心しました。かつての帝国の末裔のような顔立ちをしていたからです。ガイドの案内で、逃げるように出迎えのポンコツジープに飛び乗りました。この時ばかりは、高山病なんて言ってはおれませんでした。

そう言えば、つい五日前、首都で、日本人三世のガイドに詐欺まがいのやり方で、金を支払わされてしまいました。今度はそうやすやすと詐欺にかからないようにと心新たにしたところでした。

ところが、その夜、友人の一人が繁華街に遊びに行ったのはよいのですが、まんまとパスポートを盗まれてしまいました。でもそこはよくしたもので、ガイドにその話をしておきますと、次の朝、無事にパスポートが戻ってきました。二〇〇〇ドルの高値がついたのではありますが。

「君たちの仲間はなぜこんな大事なものを盗み、旅人を苦しめるのか」と聞き、また、

「こんなことをするとお客が減るのではないか」とガイドに苦言を呈しますと、

「我々は皆貧乏なのです。それでも生きなければならないんです」とか、

「我々の祖先は、それはそれは莫大な金や銀のみならず命まで盗まれたのです。たかがパスポートくらい、と盗んだ人は思っているのではありませんか。そして、これで得たお金で何カ月も食べていけるのです」

でも悪いことには違いないとの返事が返ってきました。

このガイドに、その後二日間、各所を案内してもらいました。その間、貧乏対策について、手真似や顔の表情などで言葉を補いながら話し合いました。はっきりは分からなかったのですが、こんな状態を救うには、英雄が出なければならないという感じで話していました。しかし、

「そうではない。ここには自然と資源が一杯残っているではないか。私が一見する限り、君の国には、混血が必要ではないのか。周辺の国がその模範を示しているように思うが、でも、

それは君の国の人々が決める問題ではあるがね」

ガイドに私の真意が通じたかどうかは疑問でありました。

彼との別れに際し、立派な案内に感謝し、

「君は僕に何か望むものはないか」と聞きますと、

「私は仕事として一生懸命、各地を案内しました。ただそれだけです。貧乏ではあるが、物貰いではない」と言うのです。そして、

「あなたがそうおっしゃってくださるのであれば、今使っておられるボールペンが欲しい。日本製は嘘をつかない。最後まで書けるから」と言葉をつなぎ、

「色々と土産物を買って下さってありがとう。しかし、私の国のもので自慢できるものは多くありません。ただ、ピクニアの糸を買って行って下さい。これだけは世界に誇れるものです」と誇らしげに言いました。

未だにこの言葉が脳裏から離れません。

この旅は、最近日本人虐殺や日本人排斥など政情不安なペルー国でのことであります。しかも、思想的に一番危険と報道されている中央山岳地帯のことであります。

クスコの街では、その地帯には日本人移住者が村の長として、貧しい人々の生活指導をしているとの話も耳にしました。帰国後わかったことですが、『インカの末裔たち』を書いた京都

大学出身の山本紀夫氏ではないかと思われます。

この国の人々は、南米特有の陽気さを持っているものの、極端な貧乏故に新聞やテレビを賑わす行動に出るのではないでしょうか。

私が見たこの山岳地帯は、水の確保と土地改良、植林をすれば、将来有数の羊毛（ピクニア、アルパカ）や牛などの生産基地になると思えるのですが。

（一九九一年十月）

パタゴニア[注1]を超えて（一）

一、ことのおこり

戦中戦後にかけて育った人間故か、小学校（当時は国民学校であった）や中等学校では、特に精神面を、親や先生や上級生から何事につけても叩き込まれ、鍛えられたものでありました。人間は、無駄口を叩かず実行するのが第一だということ、つまり不言実行であります。

そんな叱咤（しった）が災いしてか、未だに喋るのが大の苦手であり、まして横文字を喋るなど、もっての外と言うべきであります。

それにもかかわらず、或る日突然、末娘が私の住んでいました南米の親日国パラグアイ[注2]に遊びに行きたいと言ってきたのです。

注1　南米大陸の南緯四〇度付近を流れるコロラド川以南の地域の総称。アルゼンチンのネウケン、ル

オネグロ、チュブ、サンタクルス、ティエラ・デル・フェゴ各州とチリのアイセン、マガジャーネス・イ・デ・ラ・アンタルティカ・チレーナの各州が該当。

注2　南米大陸の中央南部に位置する共和制国家。南はアルゼンチン、北東はブラジル、北西はボリビアと国境を接する内陸国

六年間下宿と留守番をさせている手前もあって、親としても旅行好きの娘のために不安を抱えながら、アルゼンチン、チリに親子道中を決めました。

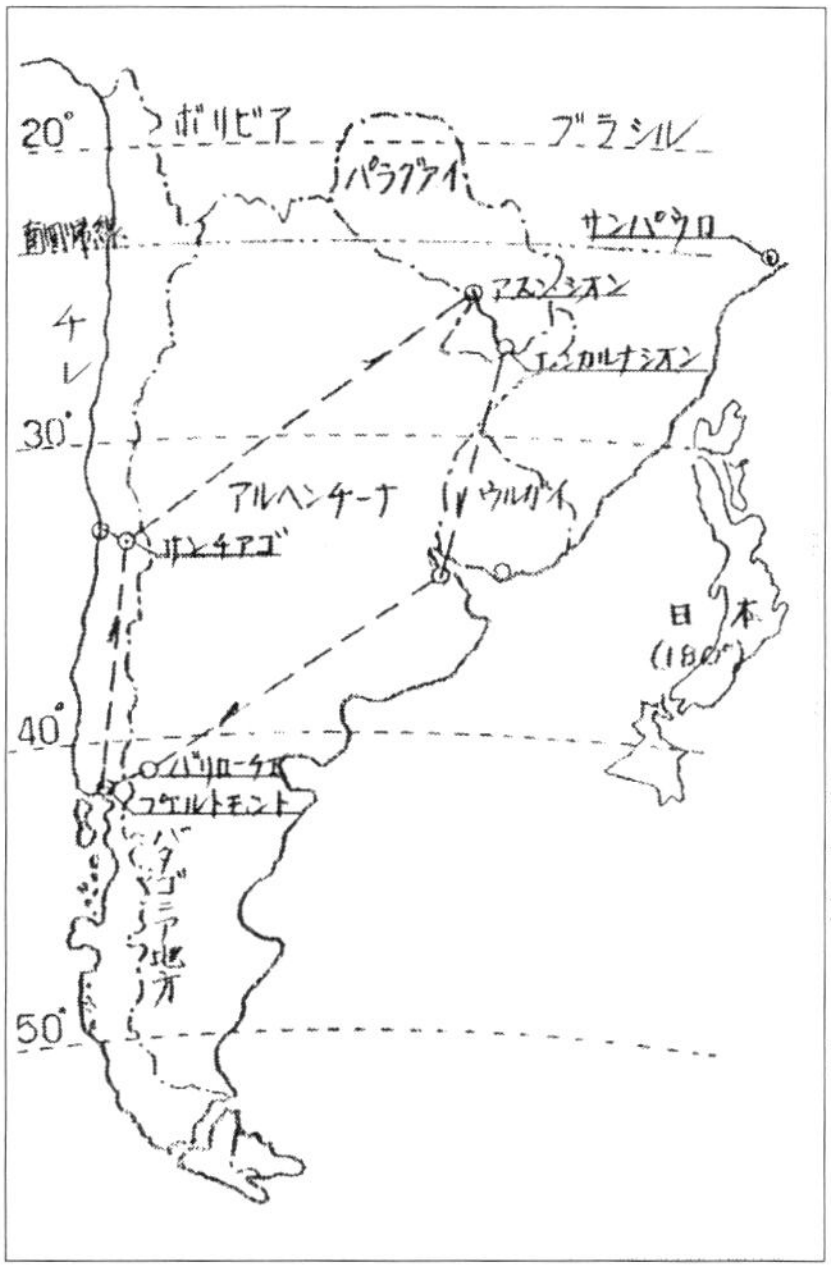

旅行の範囲と180度回転の日本

この旅行に関しては、地元の領事に、「君は、脳細胞が減る高所（標高四〇〇〇メートル以上の所らしいが、なぜ脳細胞が減るのか、その理由は分からない）に、一度ならず二度までも行ったと思ったら、今度は政情不安なチリの国（その当時、日本では、暴動鎮圧のために軍隊が出動していると盛

んに報道されていました）にまで行くのか」と皮肉を言われたものでした。

なにしろ日本語はほとんど通用しない所だし、出たとこ勝負では心もとないので、ブエノスアイレスの旅行社に一切をお願いすることにしました。しかし、異国でのこと、日本のようにうまくは行かず、さらに、途中の飛行機やガイドについては、自分たちで勝手に探せとのことでした。

まあ、「三人寄れば文殊の知恵」、何とかなるだろうと、娘は英語、女房はスペイン語、私は荷物係りと担当を決め、出発しました。

二、ブエノスアイレス

国境の町エンカルナシオンの港税関では、友人のパラガジョが検閲官を紹介してくれていましたので、簡単な挨拶で、何事もなくランチャー（アメリカ映画に出てくる古い水車式川船）に乗り込むことが出来ました。

それからは、川幅四〇〇〇メートルのパラナ川を渡り、アルゼンチンに向かったのであります。

ランチャーの中は、ほとんどが買い物客、行商人や密輸業者でした。税関で品物を没収されたり、関税を掛けられてガッカリしている者、脱税に成功してウカレテいる者たちが、お互いに税関を通過した様子を得意気に語りながら、寛いでおりました。中にはスカートを捲くり、股の間に吊り下げたウイスキー（スコッチウイスキー三本）を取り出す巨腹のオカアチャンもいて、こちらを眺め、多少はずかしいのか、ウインクをしてごまかしておりました。

出航して約三十分、ポサーダス港に到着しました。どこの国とても同じこと、早く税関を通過したい一心で、我先に出口に殺到しますが、ここでもコネのある客とそうでない客とでは検閲に差がつきます。

まして女性検閲官に当たるものなら、荷物は空中分解するほどバラバラにされます。荷物の一杯つまった旅行カバンを元通りに直すのは大変な作業でありました。

船内で知り合った日本からのアルゼンチン移住者の車に便乗させてもらい、空港まで送ってもらいました。その人の名前は今ではすっかり忘れてしまいましたが、なんでも茨城県の出身で、移住して既に三十年、コリエンテスの町を根城に材木商として、南米各地を駆け廻っているということでした。紀伊國屋文左衛門のミカン船の話を思い起こさせる、大陸的でとても面白い人でした。

空港二階のレストランでお互いの健康とまたの出逢いを誓って別れましたが、今後再び逢うことも叶うまいと思うと、異国での活躍と成功を祈るのみでした。

レストランの西の窓からは、一本の滑走路が長く横たわっているのが見えるだけで、あとは、遥か彼方の地平線まで真平らな草原が広がっていました。まだ九時過ぎだと思いますが、摂氏三十度近くあるのか、滑走路のコンクリートから、陽炎が温泉マークのようにゆらゆらと上がっていました。

東の窓からは、今来た赤土の凸凹道路に沿って火炎樹の並木が見え、燃えるような深紅の花が今を盛りと咲き誇っていました。

待つこと一時間、ようやくトンボに毛の生えたような飛行機が爆音と共に着陸しました。それでも六十人くらいは乗れそうです。

この飛行機に乗るのかと思うと些か心配ではありますが、この国では総て軍人が操縦しているので墜落はないとの話でした。とは言え、このポサーダス空港では、二年後墜落事故が起り、乗っていた者が全員死亡しています。

チェックインが始まりました。受付の係員は、日本人を旅なれない客と思ったのでしょうか、下手な英語で手続きを始めましたので、かえってややこしくなりました。北の津軽弁と南の鹿児島弁の会話で押し問答しているような会話で、録音しておくと我が家の宝物になったのでは、と思ってしまいました。

ことのおこりは、真黒に日焼けし、そまつな服装をはおっているのに、緑のパスポート（公用旅券）を所持しているので、盗品ではないかと疑ったらしいのです。カルネ（パラグアイ国の身分証明書）と筆談でようやく搭乗することが出来ました。

機内は、この国の中にも金持ちがいると見えて、ほぼ満席でした。前の座席に三、四歳くらいのとても可愛い女の子が乗っていました。退屈したのか、見慣れない顔だと思ったのでしょう、盛んにチョッカイをかけてきます。子供との会話は単語のみで意思が通じますので、簡単に親しくなれます。

機内で友達になった可愛いチカ

狭い座席に割り込んできて、原野に馬が見えるだの、川が見えるだのと遊んでいるうちに、河豚か海豚を想像させるような巨大な保護者のお婆ちゃんが、孫娘の自慢話にやってきました。何回も何回も繰り返し喋るので、相槌をうって喜ばせていましたが、早口の上に方言がありますので実際にはよく分かりませんでした。

ただ、この孫娘も三十歳を過ぎると、このお婆ちゃんの姿になるんだと想像するとガッカリしてしまいます。

ブエノス空港では、日系三世の運転手が出迎えてくれました。日本語は話せませんが、単語は多少分かるようでした。繁華街近くのホテルに案内してくれ、翌朝空港まで送ると言い、市内の観光は自由だが、危険な場所は避けろと言っているようでした。

真昼を少し過ぎた時刻でした。日本人には昼寝の習慣がありません。まして、娘は初めての南米旅行とあって一休みする気などありません。

公園やメインストリートを散歩しました。建物は大きくて立派で個性的であり、ウインドウの飾り物も豪華に見えて、銀座通りを思い起こさせます。しかし何となく活気に乏しい気もしました。

そう言えば誰かに聞いた話ですが、この国は、先進国から後進国に後退した唯一の国であるらしいのです。個人的には金持ちも多いと聞いています。

アベニーダブラ（日本では銀ぶらのこと）も午後の七時にもなると、疲れも出てくるし、腹も減ってきます。

食堂に入ったものの、何を食べてよいのか見当がつきません。差し出されるメニューを見ても、内容の区別がつきません。恐るおそる周囲のお客の食べている物を見廻して、あれと同じものをと指さして注文しました。

タンゴといえばアルゼンチンが本場でしょう。是非聞いておかねばと、夜の十時に再び街に繰り出しました。行き先は、ビエホ・デ・タンゴ（直訳すると年老いたタンゴの劇場という意味）であります。直訳の通り、司会する人、歌う人、伴奏する人、すべて主人公は年寄りでした。しかし、タンゴとなるとこの国では一番有名な劇場です。

ビエホ・デ・タンゴの演奏風景

場内は、アメリカ人、ヨーロッパ人、中近東人と、各国の観客が一杯でしたが、今宵の日本人はどうやら私どもだけのようでした。

日本人は、金払いがよいと思うのか、盛んに飲み物や食べ物の注文を取りにきます。そのうち余興として、入場者の国の音楽を演奏してくれました。私たち日本人のためには、坂本九の『すき焼きソング・上を向いて歩こう』を演奏してくれました。

ついに、娘に舞台へ上がって何か歌えと言ってきましたが、物怖じをしたことのない娘でも、割れるような拍手と異国の雰囲気に気後れしたのでしょうか、舞台には上がれませんでした。

夜の十二時を過ぎても、この国では宵の口です。しかし、翌日の予定のことを考え、急いでタクシーを拾ってホテルに帰りました。ロビーの椅子に、目つきの悪い三人組みが坐っていて、ジロジロと私どもを見つめていました。

一人は左腕に大きな錨の刺青をしています。海外で、外国人の刺青に初めて出逢いました。安物のホテルを予約したのを後悔しながら、女房と娘を、急いで四階の部屋に行かせ、カウンターで受付係りを呼び、明日の出発時間を告げ、エレベータにも乗らずに四〇一号室にかけこみました。

三、南米のスイス・バリローチエ

翌朝早く、同じ日系三世の車で国際空港に着きました。これより空路、南部アンデス山脈の縁辺部に向かうのかと思うと年甲斐もなく心がはずみます。

横九列もある大きなジェット機内は、観光客ばかりです。和やかで、特にブラジルの娘たちは、搭乗と同時に黄色い声で騒ぎまわっています。お国柄丸だしで、陽気にサンバなど合唱している娘たちもいます。どの娘も可愛い顔をして、その上スタイルがすばらしく良いときています。

娘たちにみとれている間は、飛行機もパタゴニアの上空を流れるように遊泳していましたが、エアーポケットに入ったのでしょうか、機体が上下に振動し始めました。

雲間からは、南北に直線でも引いたように山の稜線が何十キロも続いています。尾根が何条もあって、東から西に向かって段々と高くなっていきます。明らかに東から西に向かって地中内部に大きな力が加わって、山脈が出来たものと想像されます。

なぜこんな現象が生じるのでしょうか。マントルの対流によって軽い地表面の岩石が西へ、西へと運ばれたのでしょう。プレートテクトニックス理論とは、こんな現象のことをいうのでしょうか。

ビーグル号に乗ったダーウィンは、太平洋上に浮かぶ島々を眺めて、大陸は東から西へ移動しながら段々と沈み、やがては消滅するという、大陸沈降説を唱えましたが、彼がもし現在の光景を眺めていれば、大陸は東から西へ移動するが、やがてはストップし、どんどん押し寄せた大陸が膨れ上がり山脈となるので、大陸沈降説ではなく、大陸隆起鋭を唱えざるを得ず、困ったのではないでしょうか。そんなことをあれこれ考えている間に湖畔の滑走路に着陸しました。セイント・カルロス・バリローチエ空港（アルゼンチン）であります。

大勢のガイドが、ロビーで自分の客を探しています。とにかく唯一の日本人でありますから相手も間違うことはないだろうと思い、最後にロビーへ出ました。

恐ろしく細くて背の高いガイドが、私達を迎えに来ていました。頭上から声が聞こえます。多分北欧系の血を引いているのでしょうか、身長は二メートルは間違いなくあるでしょう。しかし、ゲルマン民族にしては、少し細すぎるのではないかとも思いました。

ホテルまでの道案内を英語で始めましたが、こちらがあまり反応しないので、なんとなく自国語のスペイン語で喋りだしました。

アルゼンチン弁は、スペイン語だといっても、変な訛りがあり、下品で分かりにくいと、出発前に家庭教師から言われていましたが、このガイドの方がよく分かります。プロともなると、肝心のところをはっきりと正確に話してくれるからでしょう。そんなわけで荷物持ちと娘への通訳とを兼ねる羽目になりました。

この地は、南米のスイスと言われるだけあって三六〇度いずれを見渡しても絵はがきになる所ばかりです。

湖畔の宿から眺める山々は、北の山も南の山も氷河で削り取られたのでしょうか、アルプスの山並みに実に似ており、真夏であるのに山頂から裾野近くまで雪に覆われています。

しかし、今まで南北に線を引いたようだった稜線が、この地にきて急にその形がなくなってしまうのでしょうか、この大きな湖は、東西に横たわりながら上流になると南北に向きを変えてしまいます。かつてこの辺りにあった南北の尾根を氷河が押し潰してしまったのでしょうか、あるいは大断層でも生じたのでしょう。いずれにしても今までの地形から判断する限り、九〇度方向が異なっています。自然界の現象は、そんな簡単なものではないのかも知れません。

それにしても我が国一の琵琶湖より大きいクワッピー湖には、大小無数の島や岬が浮かんでおり、湖面の色が場所により濃いブルーであったり、淡い緑や銀色に輝いています。

水深と太陽光線と山の高さによって水の色が変わるのだ、と頭上からガイドが説明してくれます。また、対岸の鬱蒼と茂った森の緑が、空と山と水面を調和させています。さすがにスケールの大きい景色だと、ただ、ただ驚くばかりでした。

その日は、ガイドが用意してくれたオンボロタクシーで、スイス村での景色や、ロープウエイに乗って小高い山からの大小無数の島や入り江を堪能しました。高い山と言っても五〇〇メートルくらい登っているので、標高は二〇〇〇メートルほどあり、原野の暑さがどこへいったのかと思えるくらいの寒さでした。

とにかく昼間が長い。南緯四十度を遥かに越えているためか、はたまた首都ブエノス（南米の人はほとんどブエノスアイレスとは言わない）から一五〇〇キロも離れているためか、午後の七時を過ぎても昼間のように明るいのです。

シャワーを浴び、湖畔の公園を散歩します。大勢の観光客が余暇を持て余しているのか、同じように集まってきます。

街といってもホテルの他は、観光土産店とレストランばかりです。どの土産店も同じような木製品や革製品など、若者や女性たちに受けるものばかりでした。

とある街角に、中国人の経営する食堂「カサ・バンブウ」を見つけました。主人が幼い頃住んだ台湾の竹藪の家が忘れがたく、バンブウの名を付けたそうです。

中国語は勿論、英語、スペイン語、日本語の四ヶ国語が使えます。主人は世界の各地をさ迷ったらしいが、年を取ると望郷の念を断ちがたいようでした。日本人が来るのは珍しいのか、家族全員で迎えてくれました。主人自慢の料理を色々と作ってくれましたが、とても食べきれるものではありませんでした。

中華飯店、カサ・バンブウ食堂

息子は、スペイン語しか分からないと言いながらも、日本の演歌を歌ってくれました。そして、その次の夜も来るようにとサービスにつとめてくれますが、よく考えてみますと相場以上に支払わされているようです。私たちはよいカモであったのかも知れません。

帰り道の夜空には、斜弦の月が西に傾き、天空を埋めつくさんばかりに、名も知れぬ星が青白い光をきらめかせていました。まるで日本の冬の空のようでした。エストレージャ・デ・クルソー（南十字星）はどのあたりかと懸命に探しましたが、この地では見当たりませんでした。

次の日は、親子三人で遊覧船に乗り、名所見物をしました。乗船したとたん、南アフリカ連邦共和国の若者が、微笑みながら娘に近づいてきて、「日本に行ったことがある、秋葉原駅前の電気店でいろいろの電気製品を買ったが、日本にはまだまだ欲しい物が沢山あるので、機会があればまた行ってみたい」と話しかけ、「南ア国には、珍しいものが沢山あってとても素晴らしい所だから是非遊びに来るように」と自慢をしていました。

アフリカの英語は娘には通じるらしい。この黒光りの青年は話が一段落すると、今度はブラジルの娘たちのグループと盛んに気勢を上げていました。はたしてポルトガル語が分かるのであろうかと思いながらも、これからの若者は、こうでなければ国際協調は出来ないのではなかろうかなどと考えておりました。

船内では、若い男女が国を超えて陽気に肩を組んだり、合唱したり、手を叩いたり、帽子を振ったりして騒いでいますが、はたしてこの自然のすばらしい造形を鑑賞できているのかなあとも感じていました。

と言いましても、他の観光客たちも変わったものが見えると、やたらにパチパチとシャッターを押しています。観光客というのは似たり寄ったりの行動をするものです。

氷河のある岬に着きました。サルスベリの大木やトウヒの林を縫って、二十分も歩きますと、目前に幅五〇〇メートルほどの氷河が、大蛇のようにうねって、天空から張り付いています。流れているというより這い登っているという錯覚に襲われます。

アルゼンチン湖に音をたてて崩れ落ちるモレノ氷河に比べますと、十分の一にも至りませんが、天空に映えて、まさに天下の絶景でありました。

とある小島に一軒のホテルがありました。その位置からは、湖面に山影が揺らいで見えました。幻想的な光景でしたが、よく見ると三分の一くらいが焼失していて、今では宿る人もなく朽ち果てています。それを惜しむかのようにジュビア・デ・オローの木（黄金の雨）が、今を盛りとすばらしい黄金色で咲いています。まるでホテルを弔っているかのようでした。

次の日は、船とバスとを乗り継いで、湖を幾つも渡り、いよいよアンデス越えです。国境越えともなると、さすがに乗客も減り、ブラジルの可愛い娘たちも消えて、前日の遊覧船客の三分の一くらいになりました。それでもバス一台分の乗客はいました。

最初の湖では、カモメが別れを惜しむかのように盛んに船にまとわりついていました。乗客は、交代でデッキの手摺りに寄りつき、パンをちぎっては指に挟んでカモメに与えています。カモメがパンを取去る光景を面白がったり、カメラに収めたりしています。

カモメは実に馴れたもので、乗客がコワゴワ差し出すものなら、この初心者めと言わんばかりに指まで噛んで飛び去ってしまうのです。

こんな光景がしばらく続いていましたが、一羽去り、二羽去りと、だんだんカモメの姿が消えて、ついには一羽も居なくなってしまいました。やがて、前方に船着場が見え出しました。なるほどと感心しながら一時間余の船旅を終えました。

船着場には、一台のオンボロバスが私たちを待ち受けていました。日本の田舎でもこんなオンボロは、今では走っていません。

カモメにおそるおそるパンをやる

このバスは、エンジンを一杯にふかしながら、砂利も敷いていない急な坂道を、ひたすら空に向かって、上下左右と揺れながらジェットコースターのように登って行きます。初めのうちは大木の枝が上空を遮っているので、まるで長いトンネルの中を行くようでした。

途中、数人がかりでないと抱えられない二本の大木が、抱き合った格好をして上空に仲良く並んでいました。その由来を、車掌は車を止めて面白そうに手や足を使って説明しましたが、なぜ乗客たちが笑うのか、何もわかりませんでした。

次の湖に着きました。湖というよりは大きい池のような感じがします。瓢箪の形をしていて湖底のどこかで温泉が湧き出しているのでしょうか、湖面が乳白色でした。

こんなことを繰り返しているうちに、ようやく国境に到着しました。アルゼンチン国ともいよいよおさらばです。

税関といっても、山小屋のように丸太で組んだ建物があり、二人の係官がいるのみです。係官は船着場で水先案内も兼務といったところでした。

バスがようやく方向転換出来る広場で、今度はチリの国の、同じようなオンボロバスに乗りました。バスは違っていても皆同じ場所の座席につくのは、人間の習性というものでしょうか。

バスは、ますますエンジンを噴かして空に向けて登って行きます。木立がそれに比例して段々小さくなって、少しずつ空が開けてきます。谷間を縫いながら山越えをしているのでしょうか、相当高いところを走っているようです。

車掌が、突然、前方を見るように車内アナウンスをして、車を止めました。何事かと車内から外を見廻しても山裾以外には何も見えません。下車して初めて、これがアンデスの山々なのかと見上げました。前方に立ちはだかる、切り立った頂き、氷河で切り取られた山肌など、思い思いの形をした不思議な山の光景に、ただ見とれるばかりでした。

峠を過ぎると今度は下り道ばかりでした。右に左に何回となく振り回されているうちに、木造の古びた一軒屋に辿りつきました。時計を見ると十二時近くでした。運転手と車掌は、下車してどこへ行ったのか一向に戻って来ません。

網棚に荷物を置き、下車して一休みしていると、荷物を持って入国手続きをするようにと、厳めしい顔をした係官が姿を現しました。

そこは、チリの税関だったのです。民家のような税関を入ると、アメリカ人夫婦が、リンゴとミカンを没収する、しないで激論している最中でした。

私たちのバッグの中からは、味噌がつかまってしまいました。これは何だと担当官が盛んに聞きますが、私は味噌のスペイン語を知りません。また、分かったとしましても、サンティアゴの日本人へ運ぶ大切な土産だと思いますと、簡単に没収されるわけにはいきません。日本語で味噌の目的を話しましたが、相手に分かるはずもありません。一向に埒があかないのです。この担当官は、味噌に初めて出合ったとみえて、物珍しそうに指でビニールに包んだ味噌を押さえています。押えれば歪むが、離せば元通りになります。こんなことを何回も何回も繰り返しているうちに、二重に包んだ袋であっても、味噌の匂いがしみ出てきます。

そのうち隣の係官が鼻を摘み、よせ、よせと言い出しました。これはチャンスとばかり袋を開いて見せようか、と輪ゴムに手をかけました。とうとう担当官も耐え切れなくなったのか、早くバッグへしまい込めと命じました。そのため、後はバックの中身を調べようともしませんでした。そんなわけで入国手続きは無事にすみました。

また同じオンボロバスに乗りました。ただ座っているだけですが、上下左右に振り回されますので、胃のなかの物は下へ下へと下がります。腹が減ってきますが、一向に家は見当たりませんでした。

やっと見つけた建物の群れも兵舎でありました。国境警備隊の駐屯所らしい建物でした。出発前に地元の領事のいった言葉を思い出します。何となく不安に駆られていた時、突然、銃口をバスに向けた二人の兵隊と隊長らしき軍人がバスを止め、どかどかと中に入って来ました。

（一九九三年十月）

パタゴニアを超えて（二）

四、チリの年老いた富士山

冷や汗をかきかき、やっとの思いで検問所を通過した高原バスは、ようやく湖畔のホテルに着きました。時計を見るとチリ時間で既に午後の一時を過ぎています。アルゼンチンと一時間、日本とは十三時間の時差があります。

この一軒しかない谷間のホテルは、教会のようなトンガリ帽子の屋根で、太い柱に白い

富士山によく似たオソルノ山

壁がとても印象的でした。透き通った湖面にホテルの影が揺らいで、『湖畔の宿』の歌を彷彿とさせます。

こんな山奥の一軒屋にしては、少し大き過ぎるとは思いましたが、どうやらこの地が南端のチリ・アンデス登山基地になっているらしいのです。

ホテルの中には、これから頂上を目指す人たち、登頂を終えて帰路に着く人たちなど、大勢が食堂やベランダでタバコを吸ったり、ガムを噛みながら、午後の一時(ひととき)をのんびりと寛いでいました。

地球の裏側の、しかも日本人が滅多に訪れない、この白き山々を征服すればさぞかし気分は爽快になるでしょう。いつの日にかは、と登頂の決意にかられます。ようやくの思いで昼食にありつきました。さんざん国境警備隊に油を絞られた後でしたから、この一時間の食事と休憩は心楽しいものでした。今でも思い起こすと、山と湖の景色が瞼にこびりついていて浮かび上ってきます。

いよいよ最後の乗船です。船内には、既に登山客や他の観光客が乗っていました。白き山々が立ち塞がるためか、南極から冷たい風に乗って押し寄せるためか、雲量が峠を過ぎてから俄かに増してきました。

しぶきを上げて走る遊覧船の上では、ジャンパーの上にコートが欲しいくらいです。

中禅寺湖の一〇〇倍近くもあるこのサントス湖では、波が荒く、津軽海峡を連絡船でゆれ動く感じがします。紺碧に沈む湖面も、今日は曇り空のせいか、いっそう黒ずんで見えます。また、対岸の急斜面から察して、水深は相当深いものと推測されます。

一時間も経った頃でしょうか、右舷に立ってしぶきを避けながら対岸を眺めておりますと、ポンと後ろから軽く背中を叩かれました。振り返ると三十歳くらいの女性がいて、

「セニヨル、ミレ・フジヤマ・デ・ハポン」と話しかけてきました。

その婦人が舳先(へさき)の遥か先を指差しながら、富士山によく似た山を教えてくれたのです。彼女は、ニコニコしながら、筑波で行われた万国博覧会のチリ館の案内嬢をしていたと語り、その時日本の富士山を見たのだと言うのです。そして、

「チリの国にも日本の富士山と同じような山があるでしょう?」と誇らしげでした。

横文字ばかりでよく分からない地図を虫眼鏡で調べてみますと、ベンガル・デ・オソルノ(ベンガルの熊)と書いてあります。どうみても私には、熊には見えませんでした。

駿河湾から船で眺めた富士山と瓜二つです。あえて違うとすれば、富士山には、駿河湾から眺めると、右側に宝永山の噴火口が見えますが、この熊には、左側に宝永山とよく似た噴火口が見えるのです。

標高はというと、およそ二六〇〇メートルあり、高さでは富士山の弟分ということになりま

しょうか。おそらく成因も同じでありましょう。しかし、その説明がうまくつきそうにありません。

アンデスの奇妙な山々を眺めながら、静岡の浜松に住んでおりました時代に登った富士山を思い浮かべ、それを民話調にしてみたら次のようになりました。いかがなものでしょうか。

むかし、むかし、それも遠い遠い昔のことであります。我々の祖先は、まだ熊や猪の毛皮とか木の皮を身に纏って山野を駆けめぐって狩りをしたり、海浜に出ては魚や貝を捕らえて生活していた時代のことであります。

その頃、伊豆部屋という相撲の部屋に、身の丈は五尺五寸で、目立った存在ではありませんが、それはそれは力の強い天城山という力士がおりました。その強さといったら他の力士と比べようもなく、どんな力士を相手に相撲をとっても、一挙に土俵の外はおろか、何千メートルも離れた場所に放り出してしまう有様で、誰一人かなう相手がおりませんでした。

赤石部屋の白根山など身の丈も体重も天城山を遥かに凌ぐ力士でありましたが、いつもウドの大木と罵られ、馬鹿にされておりました。

そんなある日、白根山は、悔しさのあまり、自分がかねてから尊敬している飛騨部屋の筆頭力士槍ヶ岳にお願いに出かけました。

「ワイは、いつもいつも小兵の天城山に馬鹿にされて、とても悔しくてたまりません。どうか仇をとってください」と涙ながらに頼みました。

槍ヶ岳力士は、六尺豊かで、しかも技や力も持ち合わせておりましたが、既に頭には白いものを頂いており、全盛期を過ぎた力士でありました。しかし、そこは気の良い槍ヶ岳のこと、「ヨッシャ、ヨッシャ」と快い返事をいたしました。とはいえ、相手が猪突猛進の天城山では、自分と白根山だけではどうしても勝ち目のない勝負とは思っておりました。

そこで思案のあげく、伊那部屋の大力士、駒ヶ岳の力を借りることにしました。駒ヶ岳も日頃から、余りに強い天城山のことを快く思っていなかったので、これは相手をやっつけるまたとないチャンスだと、小躍りしながら引き受けてくれました。

善は急げとばかり、三力士は、立行司、箱根金太夫を呼び、この取り組みを受けて立つように天城山に伝えることを命じました。内心はさすがの天城山も恐れをなして降参するであろうと、誰しも思っておりました。

しかし、意に反して、天城山はニコニコしながら「そうか、そうか、三力士が束になってこの俺さまに挑戦すると言うのか、これは面白い。受けて立とう」と快く引き受けてくれたのです。

さあ、これで以後、「相手が降参するのであればよし、さもなければ容赦しない」という何十年、何百年と続く世紀の大相撲の始まりとなったのであります。

いよいよ機が熟して、立行司、箱根金太夫の奇妙なかけ声と共に、日ノ本の神々が見守る中、青天のヘキレキの如く、軍配が打ち返されたわけであります。

西方の連合軍の陣形は、白根山を先頭に駒ヶ岳、槍ヶ岳と続くオシクラマンジュウの構え、これに対し東方の天城山は、白根山の脇腹をめがけてまっしぐらに突き進む頭突きのスタイルであります。

両軍が押し合うこと、四度、五度、いやいや、無限に近い押し合いで、一進一退を続けてなかなか埒があきません。それでも元気のある天城山に多少の分があるのでしょうか、一年間に二ミリ位は押し進んでおりました。でもこれでは一〇〇年経つても二〇センチでありますから、西軍が参りましたということにはなりません。

そんなある日、白根山は、天にも届かんかんばかりの大きな屁を発し、「天城山が、ワイの腹ばかり押すので小便が煮えたぎって今にも噴出しそうである。小休止、小休止」と叫びました。

これを聞いた立行司の金太夫は、このことを天城山に伝え、小休止してはどうかと具申しました。

天城山は、臭い臭いのを我慢しながらも、「相手が降参するのであればよし、さもなければ容赦はしない」と言います。この話をさらに、槍ヶ岳、駒ヶ岳両力士に伝えますと、「水入りであればともかく、降参するのであれば我々の面子がたたないので小休止するわけには行かない」と答えます。

そんなことで相撲は、止めることなく続けられたのであります。困ったのは白根山、ついにたまらなくなって、一〇〇度以上もある小便を　金太夫めがけて放つことになりました。

箱根金太夫は、煮えたぎったショッパイ硫黄の匂いのする小便を全身に浴びました。しかし、それでも懸命にさばきを続けておりました。

またまた、そんなある日、白根山は、今度も天に届かんばかりの大きな屁を発し、「天城山がワイの腹ばかり押すので、糞が腹一杯にたまって今にも噴出しそうである。小休止、小休止」と叫びました。

これを聞いた立行司の金太夫は、またもこのことを天城山に伝え、小休止してはどうかと具申しました。天城山は、臭い臭いのを我慢しながら、「相手が降参するのであればよし、さもなければ容赦しない」と、同じ返事を繰り返しました。

この話をさらに槍ヶ岳、駒ヶ岳両力士に伝えますと「水入りであればともかく、降参するのであれば我々の面子がたたない、小休止するわけには行かない」と同じ返事を繰り返しました。

困った白根山は、また、遂にたまらず雷のような大音響と共に、赤、黄、黒、灰色の糞を、朝といわず、昼といわず、夜といわず噴き上げまくったのでありました。

その臭さといったら譬えようもありません。関東一円の木々は、その匂いのために枯れてしまったのであります。そして、一度出した糞は、止まることを知らず次から次へ、一年、十年、百年と続き、その糞の高さが三七七六メートルに達し、雲に覆われるようになってしまいました。

さすがの天城山もこれには肝を冷やし、力が抜けてしまいました。また、槍ヶ岳、駒ヶ岳の両力士も自分より高くなった糞を見上げ、ただ呆然として相撲をとるのを止めてしまいました。

そのため、糞の高さは、それ以上高くなることはありませんでした。また、小便は、今では温泉となって庶民の憩いの場としてお客の絶え間がありません。

こんな民話があってもよいのではと考えたわけであります。そして、幼稚園や小学生たちに大陸移動説に興味を持って大きくなってもらい、巨大地震の発生予知が出来る地質学者が出ないかなあ、と思うのであります。

一方、ベルガン・デ・オソルノ山の場合は、どうなっているのでしょうか。アフリカから袂を分かった南米大陸は、地球の自転とは逆に西へ西へと旅を続けます。そして何を思ったのか、西経八十度付近で止まってしまいました。それ以上西へ向かうと、地球内部に呑み込まれてしまうからだったのでしょう。しかし、そうは言っても背後の何千キロメートルの大陸が後から後から押し寄せてきます。ついに、イリマニ山（標高六四五二メートル）、アコンカグワ山（標高七〇一二メートル）の山々のように、七〇〇〇メートルにまで押し上げられてしまったのであります。

したがって、南米大陸の太平洋岸は、西経八十度から七十度の区間で水平線から七〇〇〇メートルの山岳地帯まで、斜線を引いたような傾斜となってしまいました。当然ベンガルの熊もこの斜線内に存在しています。しかし、なぜ西側からの力を高い山で防いでいるのに、こんな噴火の現象が生ずるのでしょうか。

今、遊覧船に乗って旅をしているこのサントス湖は、オソルノ山南側を東西に走るカルデラ湖であります。したがって、山が出来る場合は当然南側から強い力が加わらなければなりません。そのあたりが何とも説明のつかないところであります。

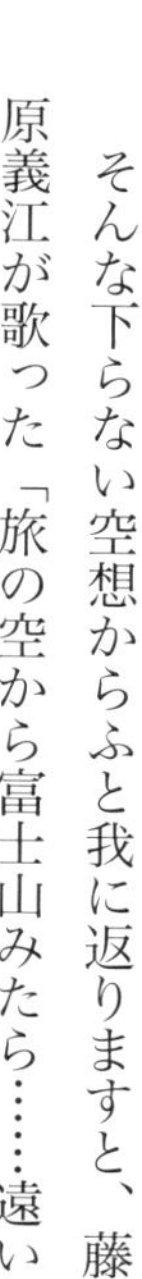

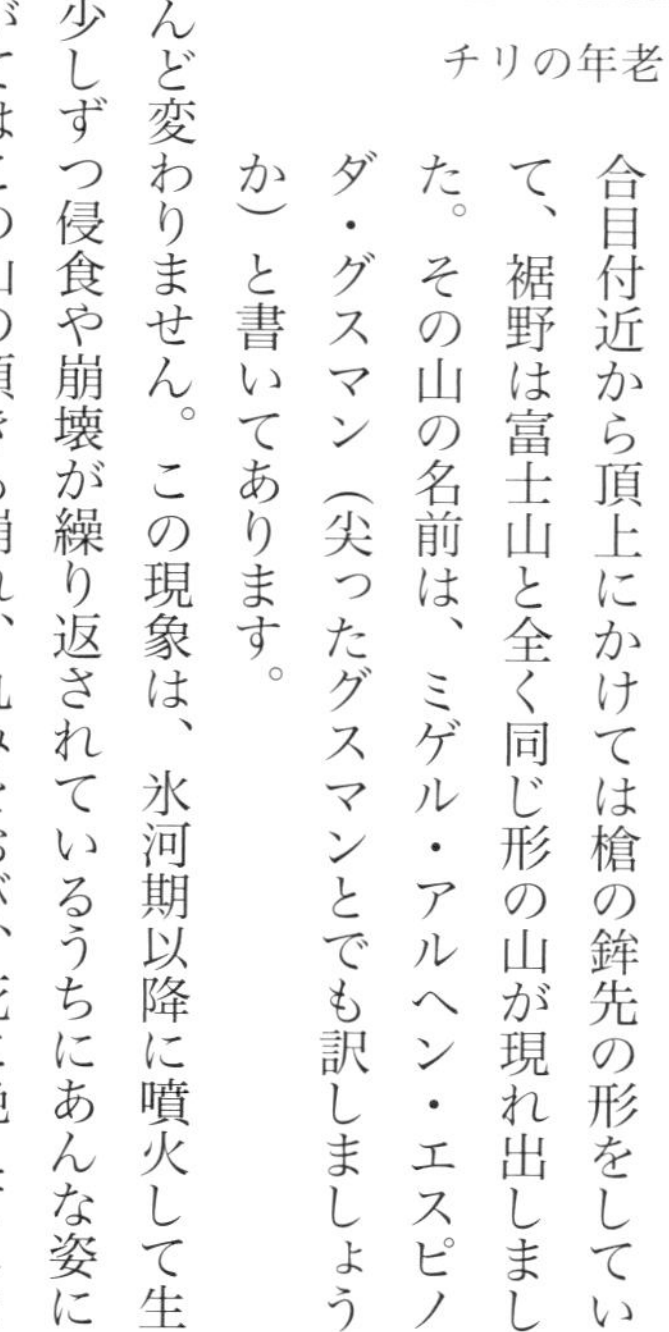

チリの年老いた富士山

そんな下らない空想からふと我に返りますと、藤原義江が歌った「旅の空から富士山みたら……遠い故郷のあの子をおもた」の古い歌が自然に口に出てくるのです。

三十分も熊を眺めていたでしょうか、今度は、七合目付近から頂上にかけては槍の鉾先の形をしていて、裾野は富士山と全く同じ形の山が現れ出しました。その山の名前は、ミゲル・アルヘン・エスピノダ・グスマン（尖ったグスマンとでも訳しましょうか）と書いてあります。

その高さは、ベンガルの熊とほとんど変わりません。この現象は、氷河期以降に噴火して生まれたものなので体質が弱く、毎年少しずつ侵食や崩壊が繰り返されているうちにあんな姿に変わってしまったのでしょうが、やがてはこの山の頂きも崩れ、丸みをおび、死に絶えてしまうのかもしれません。

ベンガルの熊とこの山の間隔は、およそ二〇キロ離れています。今かりに太平洋上に浮かぶ島々のように毎年二センチ西へ移動するとして、2000000÷2=1000000で、一〇〇万年になります。富士山も八〇万年（100×0.8＝80万年―標高調整）も経つとこんな姿に変わり果てるのでしょうか、もしそうだとすると、人間ばかりか山も歳を取るのであり、自然界の物の哀れさを感じます。

ようやく街並みのある部落が見え出しましたが、数えてみると一五軒くらいしかありません。しかし、僅かな時間とはいえ、人里離れていると、こんな部落でも大都会に見えてきます。若い富士山、年老いた富士山にも、またいつ逢えるか分からないと、何度も振り返りましたが、老いた富士山のみが、雲間に泰然と裾野を広げていました。

船は多少揺れましたが、二時間余りの船旅の思い出を残して、無事に終わりました。

船着場の広場には、今までと違って新しくて立派な二台のブス（バスのことをスペイン語ではブスと言います）が船客を待ち受けていました。前のブスに乗りました。振り返ると後ろのブスには、八頭身美人のバスガールが搭乗していました。さすがに美人の国というだけあると思いながら、前のブスに乗ったことをしきりに後悔しました。

前のブスのボーイは、乗客の点検もせず、ブスを発車させ、「これから十分もすると花や動物と滝の見える公園に着きます。立ち寄るかどうかの決定は、この車の乗客で決めたいが、皆さんの希望は？」と、馴れた口調でアンケートをとります。

この車掌は、毎日同じことを言って乗客を喜ばせているようです。どうやらいつも同じコースを走っているようです。花や動物のいる公園は、思ったよりも小さくて、しかも有料でしたが、日本円に換算すると、私達家族三人で三十円だったと思います。ここを通らなければ滝を見ることが出来ません。よく考えたものです。この滝は、四〇〇メートルくらいの距離を三段になって流れ落ちており、一番大きい滝でも富士の裾野の白糸の滝ほどの落差でしたが、水量は約五倍と多く、そして滝の遥か先には老いた富士山が、真正面に鎮座していました。

奥の滝までは、一列でやっと伝い歩けるくらいの小道なので、お互いに手をつないだり、写真を撮ったり撮られたりしながら、ひとときを楽しんだものでした。

ドイツ人のアウガホールさんは、五十歳を過ぎていると思われますが、一人で旅をしていました。「ドイツ語以外は話せない」と言っていました。私も「日本語以外はダメだ」と言いました。しかし、言葉は通じませんが、滝や山を見ながら喋る言葉は、何となく何を言っているのかがよく分かりました。不思議でならなかったのですが、以心伝心というものでしょうか。

滝の見物も終わり、いよいよ本日最後の目的地であるプエルトモントへ向かってブスはひた走りました。

ご承知のことと思いますが、この辺りの太平洋は、大陸の中に深く潜り込んでいますので、島か、陸地か、湖か、太平洋なのか容易には区別がつきません。

太陽も段々赤味を帯びて洋上に傾き、少しずつ大きく見えてきます。暗くならない内に終着

料金受取人払

諏訪支店承認

2

差出有効期間
平成31年11月
末日まで有効

郵便はがき

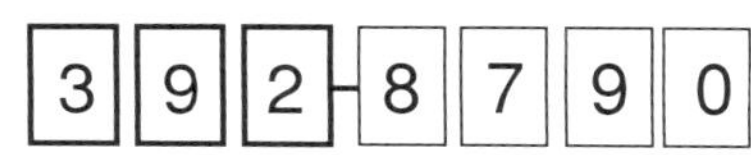

〔受取人〕

長野県諏訪市四賀229-1

鳥影社編集室

愛読者係　行

ご住所　〒□□□-□□□□
(フリガナ) お名前
お電話番号 (　　　　)　　　-
ご職業・勤務先・学校名
eメールアドレス
お買い上げになった書店名

鳥影社愛読者カード

このカードは出版の参考にさせていただきますので、皆様のご意見・ご感想をお聞かせください。

書名	

① 本書を何でお知りになりましたか？

i．書店で
ii．広告で（　　　　　　　　　　）
iii．書評で（　　　　　　　　　　）
iv．人にすすめられて
v．DMで
vi．その他（　　　　　　　　　　）

② 本書・著者へご意見・感想などお聞かせ下さい。

③ 最近読んで、よかったと思う本を教えてください。

④ 現在、どんな作家に興味をおもちですか？

⑤ 現在、ご購読されている新聞・雑誌名

⑥ 今後、どのような本をお読みになりたいですか？

◇購入申込書◇

書名　　　　¥　　　　（　　）部

書名　　　　¥　　　　（　　）部

書名　　　　¥　　　　（　　）部

*ドイツ語圏関係他

ニーベルンゲンの歌

岡崎忠弘 訳（週刊読書人で紹介）

『ファウスト』とともにドイツ文学の双璧をなす英雄叙事詩を綿密な翻訳により待望の完全新訳。詳細な訳註と解説付。5800円

ペーター・フーヘルの世界 ―その人生と作品

斉藤寿雄（週刊読書人で紹介）

旧東ドイツの代表的詩人の困難に満ちたその生涯を紹介し、作品解釈をつけ、主要な詩の翻訳をまとめた画期的書。2800円

エロスの系譜 ―古代の神話から魔女信仰まで

A・ライプブラント＝ヴェトライ　W・ライプブラント
鎌田道生　孟真理　訳

男と女、この二つの性の出会いと戦いの歴史。西洋の文化と精神における愛を多岐に亘る文献を駆使し文化史的に語る。6500円

生きられた言葉 ―ラインホルト・シュナイダーの生涯と作品―

下村喜八

シュヴァイツァーと共に20世紀の良心と称えられた、その生涯と思想をはじめて本格的に紹介する。2500円

ヘルダーのビルドゥング思想

濱田　真

ドイツ語のビルドゥングは「教養」「教育」という訳語を超えた奥行きを持つ。これを手がかりに思想の核心に迫る。3600円

ゲーテ『悲劇ファウスト』を読みなおす

新妻　篤

ゲーテが約六〇年をかけて完成。すべて原文に即して内部から理解しようと研究してきた著者が明かすファウスト論。2800円

二〇一八 改訂 黄金の星（ツァラトゥストラ）はこう語った

ニーチェ／小山修一　訳

詩人ニーチェの真意、健やかな喜びを伝える画期的全訳。ニーチェの真意に最も近い全訳。2800円

『ドイツ伝説集』のコスモロジー

植　朗子

ドイツ民俗学の基底であり民間伝承蒐集の先がけとなったグリム兄弟『ドイツ伝説集』の内面的実像を明らかにする。1800円

ハンブルク演劇論 G・E・レッシング
アリストテレス以降の　南大路振一　訳
欧州演劇の本質を探る代表作。6800円

ギュンター・グラスの世界 依岡隆児
つねに実験的方法に挑み、政治と社会から関心を失わなかったノーベル賞作家を正面から論ずる。2800円

グリムにおける魔女とユダヤ人 奈倉洋子
グリムのメルヒェン集と　―メルヒェン・伝説・神話―
伝説集を中心にその変化の実態と意味を探る。1500円

フリードリヒ・シラー美学＝倫理学用語辞典 序説
ヴェルンリ／馬上　徳　訳　難解なシラーの基本的用語を網羅し体系化をはかり明快な解釈をほどこし全思想を概観。2400円

新ロビンソン物語 カンペ／田尻三千夫　訳
18世紀後半、教育の世紀に生まれた「ロビンソン・クルーソー」を上回るベストセラー。2400円

東方ユダヤ人の歴史 ハウマン／平田達治　荒島浩雅　訳
その実態と成立の歴史的背景をこれほど見事に解き明かしている本はこれまでになかった。2600円

ポーランド旅行 デーブリーン／岸本雅之　訳
長年にわたる他国の支配を脱し、独立国家の夢を果たしたポーランドのありのままの姿を探る。2400円

東ドイツ文学小史 W・エメリヒ／津村正樹　監訳
神話化から歴史へ。一つの国家の終焉はその文学の終りを意味しない。6900円

＊小説・文芸評論・精神世界

夏目漱石　『猫』から『明暗』まで

平岡敏夫（週刊読書人他で紹介）

漱石文学は時代とのたたかいの所産であるゆえに、作品には微かな〈哀傷〉が漂う。新たな漱石を描き出す論集。2800円

赤彦とアララギ　―中原静子と太田喜志子をめぐって

福田はるか（読売新聞書評）

悩み苦しみながら伴走した妻不二子、畏敬と思慕で生き通した中原静子、門に入らず自力で成長した太田喜志子。2800円

ドストエフスキーの作家像

木下豊房（東京新聞で紹介）

二葉亭四迷から小林秀雄・椎名麟三、武田泰淳、埴谷雄高などにいたる正統的な受容を跡づけ、この古典作家の文学の本質に迫る。3800円

ピエールとリュス

ロマン・ロラン／三木原浩史 訳

1918年パリ。ドイツ軍の空爆の下でめぐりあった二人。ロラン作品のなかでも、今なお、愛され続ける名作の新訳と解説。1600円

中上健次論（全三巻）

（第一巻 死者の声から、声なき死者へ）（第二巻 父の名の否〈ノン〉、あるいは資本の到来）（第三巻 幻想の村から）

戦死者の声が支配する戦後民主主義を描く大江健三郎に対し声なき死者と格闘し自己の世界を確立していった初期作品を読む。各3200円

山崎の鬼

高畠 寛

代表的作品を収めるアンソロジー。山崎は大阪から見れば、陰陽道でいうところの、鬼の出入りする場所。1500円

釈尊の悟り　―自己と世界の真実のすがた

吉野 博

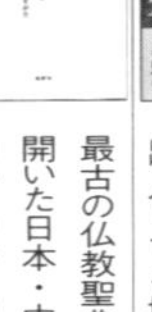

最古の仏教聖典「スッタニパータ」の詩句、悟りを開いた日本・中国の禅師、インドの聖者の言葉を中心にすべての真相を明らかにする。1500円

小説木戸孝允　上・下　―愛と憂国の生涯―

中尾實信（2刷）

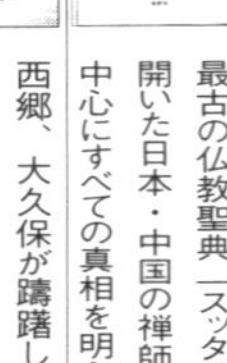

西郷、大久保が躊躇した文明開化と封建制打破を成就し、四民平等の近代国家を目指した木戸孝允の生涯を描く大作。3500円

「へうげもの」で話題の　〝古田織部三部作〟

久野 治（NHK、BS11など歴史番組に出演）

新訂 古田織部の世界　2800円

千利休から古田織部へ　2200円

改訂 古田織部とその周辺　2800円

ドイツ詩を読む愉しみ　森泉朋子編訳

ゲーテからブレヒトまで 時代を経てなお輝き続ける珠玉の五〇編とエッセイ。1600円

ドイツ文化を担った女性たち

その活躍の軌跡 ゲルマニスティネンの会編（光末紀子、奈倉洋子、宮本絢子）2800円

芸術に関する幻想　W・H・ヴァッケンローダー

毛利真実 訳 デューラーに対する敬虔、ラファエロ、ミケランジェロ、そして音楽。1500円

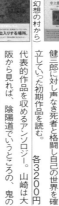

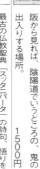

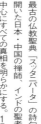

＊歴史

連邦陸軍電信隊の南北戦争 ITが救ったアメリカの危機
松田裕之
南北戦争を制した影の英雄・連邦陸軍電信隊。リンカーンを支えた特殊部隊の近代的情報戦の真実が甦る。 1700円

虚構の蘇我・聖徳 我は聖徳太子として蘇る
野田正治（建築家）
蘇我馬子が飛鳥寺を建立したのではなく厩戸皇子が四天王寺を建立したのではない 1800円

桃山の美濃古陶 古田織部の美
西村克也／久野治
古田織部の指導で誕生した美濃古陶の未発表の伝世作品の逸品約90点をカラーで紹介。桃山茶陶歴史年表、茶人列伝も収録。 3600円

剣客斎藤弥九郎伝
木村紀八郎（二刷）
幕末激動の世を最後の剣客が奔る。その知られざる生涯を描く、はじめての本格評伝！ 1900円

千少庵茶室大図解
長尾晃（美術研究・建築家）
利休・織部・遠州好みの真相とは？ 国宝茶室「待庵」は、本当に千利休作なのか？ 不遇の天才茶人の実像に迫る。 2200円

秀吉の忠臣 田中吉政とその時代
田中建彦・充恵
優れた行政官として秀吉を支え続けた田中吉政の生涯を掘りおこす。カバー肖像は著者の田中家に伝わる。 1600円

天皇家の卑弥呼 誰も気づかなかった三世紀の日本
深田浩市（三刷）
倭国大乱は皇位継承戦争だった!! 日本書紀や魏志倭人伝、伝承、科学調査等から卑弥呼擁立の真の理由が明らかになる。 1500円

西行 わが心の行方
松本徹（毎日新聞書評で紹介）
季刊文科で「物語のトポス西行随歩」として十五回にわたり連載された西行ゆかりの地を巡り論じた評論的随筆作品。 1600円

浦賀与力中島三郎助伝 木村紀八郎
幕末という岐路に先見と至誠をもって生き抜いた最後の武士の初の本格評伝。 2200円

軍艦奉行木村摂津守伝 木村紀八郎
若くして名利を求めず隠居、福沢諭吉が終生敬愛したというサムライの生涯。 2200円

南の悪魔フェリッペ二世 伊東章
スペインの世紀といわれる百年が世界のすべてを変えた。 黄金世紀の虚実1 1900円

不滅の帝王カルロス五世 伊東章
世界のグローバル化に警鐘。平和を望んだ偉大な帝王が続けた戦争。 黄金世紀の虚実2 1900円

フランク人の事蹟 第一回十字軍年代記
丑田弘忍訳 第一次十字軍に実際に参加した三人の年代記作家による異なる視点の記録。 2800円

大村益次郎伝 木村紀八郎
長州征討、戊辰戦争で長州軍を率いて幕府軍を撃破した天才軍略家の生涯を描く。 2200円

新版 日蓮の思想と生涯 須田晴夫
日蓮が生きた時代状況と、思想の展開を総合的に考察。日蓮仏法の案内書！ 3500円

古事記新解釈 南九州方言で読み解く神代
飯野武夫／飯野布志夫 編 『古事記』上巻は南九州の方言で読み解ける。 4800円

*翻訳その他

ドリーム・マシーン
悪名高きV-22オスプレイの知られざる歴史

リチャード・ウィッテル／影本賢治 訳

ディドロの思想を自然哲学的分野と美学的分野に分けて考察を進め、二つの分野の複合性を明らかにしてその融合をめざす。 3800円

アルザスワイン街道
—お気に入りの蔵をめぐる旅—

森本育子（2刷）

アルザスを知らないなんて！ フランスの魅力はなんといっても豊かな地方のバリエーションにつきる。 1800円

ヨーロピアンアンティーク大百科

英国・リージェント美術アカデミー 編／白須賀元樹 訳

英国オークションハウスの老舗サザビーズのエキスパートたちがアンティークのノウハウをすべて公開。 5715円

心豊かに生きるための40のレシピ
ふわふわさんとチクチクさんのポケット心理学

小林雅美

ポケットに入るぐらい気楽な心理学誕生。人生を切り開く「交流分析」を40のレシピとしてわかりやすく解説。 1600円

イセングリムス
中世ラテン語動物叙事詩
—狼と狐の物語—

丑田弘忍 訳

封建制とキリスト教との桎梏のもとで中世ヨーロッパ人を活写、聖職者をはじめ支配階級を鋭く諷刺。本邦初訳。 2800円

ディドロ 自然と藝術

冨田和男

ディドロの思想を自然哲学的分野と美学的分野に分けて考察を進め、二つの分野の複合性を明らかにしてその融合をめざす。 3800円

ダークサイド・オブ・ザ・ムーン

マルティン・ズーター／相田かずき 訳

世界を熱狂させたピンク・フロイドの魂がここに甦る。ドイツ人気No.1俳優M・ブライプトロイ主演映画原作小説。 1600円

フランス・イタリア紀行

トバイアス・スモレット／根岸 彰 訳

十八世紀欧州社会と当時のグランドツアーの実態を描き、米国旅行誌が史上最良の旅行書の一冊に選定。発刊から250年、待望の完訳。 2800円

ヨーゼフ・ロート小説集

平田達治
佐藤康彦 訳

第一巻 優等生、バルバラ、立身出世
サヴォイホテル、曇った鏡 他

第二巻 ヨブ・ある平凡な男のロマン
タラバス・この世の客

第三巻 殺人者の告白、偽りの分銅・計量検査官の物語、美の勝利

第四巻 皇帝廟、千二夜物語、レヴィアタン（珊瑚商人譚）

別 巻 ラデツキー行進曲（2600円）

四六判・上製／平均480頁 3700円

ローベルト・ヴァルザー作品集

カフカ、ベンヤミン、ムージルから現代作家にいたるまで大きな影響をあたえる。

新本史斉／若林恵／F・ヒンターエーダー＝エムデ 訳

1 タンナー兄弟姉妹
2 助手
3 長編小説と散文集
4 散文小品集Ⅰ
5 盗賊／散文小品集Ⅱ

四六判、上製／各巻2600円

＊実用・ビジネス

AutoCAD LT 標準教科書 2016／2017／2018 2019対応（オールカラー）
中森隆道
25年以上にわたる企業講習と職業訓練校での教育実績に基づく決定版。初心者から実務者まで対応の524頁。 3000円

食通のおもてなし観光学
山上　徹
観光ビジネスに役立つ全162テーマをコラムとして収録。今話題のイスラム教のハラルについても言及している。 1500円

今行き詰まっている君へ 人生をきりひらく80の知恵
レナルド・フェルドマン、M・ジャン・ルミ著／浅井真砂 訳
世界中の古代の知恵と現代のスピリチュアリティー」が見事に融合した、すべての人に贈る人生の指南書。 1500円

心に触れるホームページをつくる
秋山典丈
従来のHP作成・SEO本とは一線を画しコンテンツの書き方に焦点を当てる。商品企画や販売促進にも。 1600円

"できる人"がやっている"質の高い"仕事の進め方 秘訣はトリプルスリー
糸藤正士
質の高い仕事の進め方にはできる人がやっている共通の秘訣、3つの視点、3つの深度、3つの方向がある。 1600円

草木名の語源
江副水城
草名200種、木名150種、修飾名を含め合計1000種以上収録。古典を読み解き新説を披露。 3800円

現代アラビア語辞典 ——アラビア語日本語
田中博一／スバイハット レイス 監修
本邦初1000頁を超える本格的かつ、実用的アラビア語日本語辞典。見出し語1万語以上で例文・熟語多数。 10000円

現代日本語アラビア語辞典
田中博一／スバイハット レイス 監修
見出し語約1万語、例文1万2千以上収録。日本人のみならず、アラビア人の使用にも配慮し、初級者から上級者まで対応のB5判。 8000円

AutoLISP with Dialog 中森隆道
AutoCAD LT 2013 対応 即効性を明快に証明した本格的解説書。 3400円

開運虎の巻 街頭易者の独り言 天童春樹
三十余年六万人の鑑定実績。あなたと身内の運命と開運法をお話しします 1500円

成果主義人事制度をつくる 松本順一
30日でつくれる人事制度だから、業績向上が実現できる。（第10刷出来） 1600円

腹話術入門（第4刷出来） 花丘奈果
発声方法、台本づくり、手軽な人形作りまで一人で楽しく習得。台本も満載。 1800円

南京玉すだれ入門（2刷） 花丘奈果
いつでも、どこでも、誰にでも、見て楽しく演じて楽しい元祖・大道芸を解説。 1600円

新訂版 **交流分析エゴグラムの読み方と行動処方** 植木清直／佐藤寛 編
交流分析の読み方をやさしく解説。 1500円

楽しく子育て44の急所 川上由美
これだけは伝えておきたいこと、感じたこと、考えたこと。基本的なコツ！ 1200円

初心者のための蒸気タービン 山岡勝己
原理から応用、保守点検、今後へのヒントなどベテランにも役立つ。技術者必携。 2800円

＊映画・戯曲他

モリエール傑作戯曲選集2
柴田耕太郎訳（ドン・ジュアン、才女気どり、嫌々ながら医者にされ、人間嫌い）

現代の読者に分かりやすく、また上演用の台本としても考え抜かれた、画期的新訳の完成。 2800円

イタリア映画史入門 1950〜2003
J・P・ブルネッタ／川本英明訳（読売新聞書評）

映画の誕生からヴィスコンティ、フェリーニ等の巨匠、それ以降の動向まで世界映画史をふまえた決定版。 5800円

フェデリコ・フェリーニ
川本英明

イタリア文学者がフェリーニの生い立ち、青春時代、監督デビューまでの足跡、各作品の思想的背景など、巨匠のすべてを追う。 1800円

ある投票立会人の一日
イタロ・カルヴィーノ／柘植由紀美訳

奇想天外な物語を魔法のごとく生み出した作家の、二十世紀イタリア戦後社会を背景にした知られざる先駆的小説。 1800円

魂の詩人 パゾリーニ
ニコ・ナルディーニ／川本英明訳（朝日新聞書評）

常にセンセーショナルとゴシップを巻きおこした異端の天才の生涯と、詩人としての素顔に迫る決定版！ 1900円

ドイツ映画
ザビーネ・ハーケ／山本佳樹訳

ドイツ映画の黎明期からの歴史に、欧州映画やハリウッドとの関係、政治経済や社会文化からその位置づけを見る。 3900円

つげ義春を読め
清水 正（読売新聞書評で紹介）

つげマンガ完全読本！ 五〇編の謎をコマごとに解き明かす鮮烈批評。読売新聞書評で紹介。 4700円

雪が降るまえに
A・タルコフスキー／坂庭淳史訳（二刷出来）

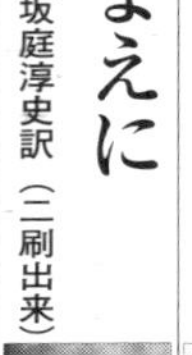

詩人アルセニーの言葉の延長線上に拡がっていた世界こそ、息子アンドレイの映像作品の原風景そのものだった。 1900円

宮崎駿の時代 1941〜2008
久美 薫

宮崎アニメの物語構造と主題分析、マンガ史からアニメ技術史まで宮崎駿論一千枚。 1600円

ヴィスコンティ
若菜 薫

「郵便配達は二度ベルを鳴らす」から「イノセント」まで巨匠の映像美学に迫る。 2200円

ヴィスコンティⅡ
若菜 薫

高貴なる錯乱のイマージュ。「ベリッシマ」「白夜」「前金」「熊座の淡き星影」 2200円

アンゲロプロスの瞳
若菜 薫

『旅芸人の記録』の巨匠への壮麗なるオマージュ。（二刷出来） 2800円

ジャン・ルノワールの誘惑
若菜 薫

多彩多様な映像表現とその官能的で豊饒な映像世界を踏破する。 2200円

聖タルコフスキー
若菜 薫

「映像の詩人」アンドレイ・タルコフスキー。その全容に迫る。 2000円

銀座並木座 日本映画とともに歩んだ四十五歩
嵩元友子

ようこそ並木座へ、ちいさな映画館をめぐるとっておきの物語 1800円

フィルムノワールの時代
新井達夫

人の心の闇を描いた娯楽映画の数々暗い情熱に衝き動かされる人間のドラマ。 2200円

＊新刊・話題作

地蔵千年、花百年
柴田 翔（読売新聞・サンデー毎日で紹介）

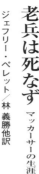

芥川賞受賞『されど われらが日々―』から約半世紀。約30年ぶりの新作長編小説。戦後からの時空と永遠を描く。1800円

老兵は死なず マッカーサーの生涯
ジェフリー・ペレット／林 義勝他訳

かつて日本に君臨した唯一のアメリカ人、生まれから大統領選挑戦にいたる知られざる全貌の決定版・1200頁。5800円

新訳金瓶梅（全三巻予定）
田中智行訳（朝日・中日新聞他で紹介）

三国志などと並び四大奇書の一つとされる金瓶梅。そのイメージを刷新する翻訳に挑んだ意欲作。詳細な訳註も。3500円

『新文体作法』序説 ―ゴーゴリ『肖像画』を例に―
齋藤紘一

概念「ある」をもとに日本語の成り立ちを解明する文法書。実践編としてゴーゴリ『肖像画』を収録。1800円

東西を繋ぐ白い道
森 和朗（元NHKチーフプロデューサー）

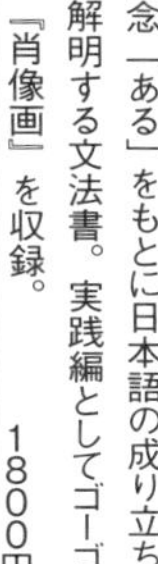

原始仏教からトランプ・カオスまで。宗教も政治も一筋の道に流れ込む壮大な歴史のドラマ。世界が直面する二河白道。2200円

低線量放射線の脅威
J・グールド、B・ゴールドマン／今井清一・今井良一訳

低線量放射線と心疾患、ガン、感染症による死亡率がどのようにかかわるのかを膨大なデータをもとに明らかにする。1900円

シングルトン
エリック・クライネンバーグ／白川貴子訳

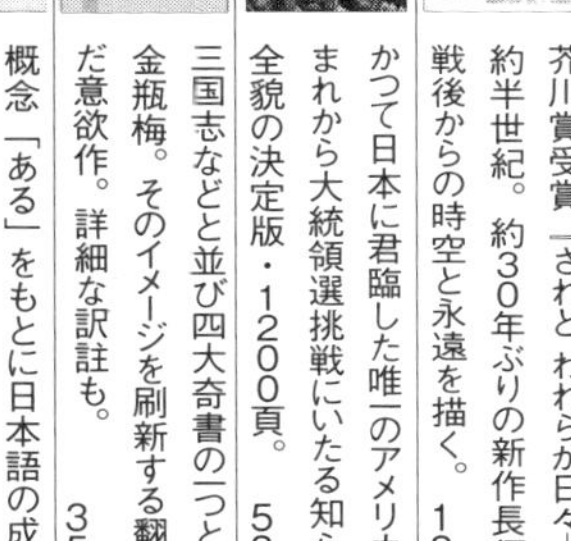

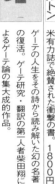

一人で暮らす「シングルトン」が世界中で急上昇。このセンセーショナルな現実を検証する欧米有力誌で絶賛された衝撃の書。1800円

詩に映るゲーテの生涯
柴田 翔

ゲーテの人生をその詩から読み解いた幻の名著の復活。ゲーテ研究・翻訳の第一人者柴田翔によるゲーテ論の集大成的作品。

改訂版 **文明のサスティナビリティ** 野田正治

枯渇する化石燃料に頼らず、社会を動かすエネルギーを生み出すことの出来る社会を考える。1800円

スマホ汚染 新型複合汚染の真実 古庄弘枝

放射線（スマホの電波）、神経を狂わすネオニコチノイド系農薬、遺伝子組換食品等から身を守る。1600円

インディアンにならなイカ!? 太田幸昌

先住民の島に住みついて、倒壊寸前のホステルで孤軍奮闘。自然と人間の仰天エピソード。1300円

愛知ふるさと素描 河村アキラ

『名古屋ふるさと素描』に、新たに40枚を追加。愛知県内各地に残されたニッポンの消えゆく庶民の原風景を描く。1800円

純文学宣言
季刊文科25〜78（61より各1500円）

〈編集委員〉青木健、伊藤氏貴、勝又浩、佐藤洋二郎、富岡幸一郎、中沢けい、松本徹、津村節子

【文学の本質を次世代に伝え、かつ純文学の孤塁を守りつつ、文学の復権を目指す文芸誌】

＊価格はすべて税別

鳥影社出版案内

2019

イラスト／奥村かよこ

choeisha
文藝・学術出版 鳥影社

〒160-0023 東京都新宿区西新宿 3-5-12 トーカン新宿 7F

TEL 03-5948-6470 FAX 03-5948-6471（東京営業所）

〒392-0012 長野県諏訪市四賀 229-1（本社・編集室）

TEL 0266-53-2903 FAX 0266-58-6771 郵便振替 00190-6-88230

ホームページ www.choeisha.com メール order@choeisha.com

お求めはお近くの書店または弊社（03-5948-6470）へ
弊社への注文は 1 冊から送料無料にてお届けいたします

駅に着きたいとの思いが、段々気持ちを高ぶらせてきます。初めての街で私はホテル探しをしなければなりませんでした。

五、プエルトモントの夜は更けて

北海道の猿払原野に似たまばら草原をひた走り、ようやくビルの建ち並ぶ終着駅に着きました。午後七時を過ぎたばかりでした。十二時間に時差を加えて十三時間の船とブスの旅でした。少々疲れもありますが、そんなことは言っておられません。重い荷物を両腕に抱え、急いでブスの案内所へ向かいました。若い女性が、青年とまるで恋人同士のように話し合っていましたが、快くホテルの紹介と予約までの手続きを電話でしてくれました。

恋人のような青年は名をルイスと言って、爺さんの時代にイタリアからこの地へ移民としてやって来て、今はガイドをしているというのです。

「今日のガイドは総て終わった。ガイド料はいらないから、夜のガイドを引き受けてもよい」と言ってくれました。「日本人はメグストであるから」と言うのです。

「メグスト」というのは「好きだ」という意味です。この地を訪れた日本人観光客は、おそらく彼にチップをはずんでいたのでしょう。イタリア系の人間ということに少々不信感はあるものの、首都サンティアゴから一〇〇〇キロメートルも離れた地の果て、しかも規律を守るドイツ移住者の多い土地、悪い奴もいないだろうと思い、早速ガイドを頼むことにしました。

すぐ近くの六階建てのホテルにチェックインしました。チリ貨幣（ペソ）に交換している間にルイス君は、どこからかタクシーを調達し、ホテルの前の広いレンガ敷きの舗装道路で、私達を待っていました。何が起ころうとすべてガイドまかせであります。

広い一本道の両サイドには、初めのうちは高いビルも建っていましたが、アッという間に平屋のレンガ積みの家に変わってしまい、道行く人影もほとんどなくなってしまいました。

「日本にないところを案内しよう」とルイス君が言いました。

猛スピードで三十分も走ったでしょうか、まもなく海浜に出るようです。何となく磯の香りがしてきました。広場でタクシーは止まりました。あたりはもう夕日を浴びて、群がる人の顔も赤く染まっています。

こんなスラム街に日本人が来るのは珍しいのか、周りの人たちがやたらとジロジロ私達を見つめるので、何となく不気味です。

誰かれなく挨拶を交わしながら、群集の中を通り抜けますと、戦後のバラック建てか海水浴場のヨシズ小屋を思わせる粗末な商店が、何条もの狭い路地を挟んで百軒近く並んでいました。

地図では大都市になっているものの、一歩郊外にでると生活苦が偲ばれる社会の光景でありました。

間口三メートルほどの狭い店には、思い思いの日用品、雑貨、食料品、肉、野菜など、あらゆる品が並べてあります。また、食堂から理髪店まで各種の店が無計画に軒を並べています。

店先に立ち止まるものなら、「セニョラー、何が欲しいのか」、「どれでも安くするから買え」などと声がかかります。どのくらい値切ったらいいのか、相場が分かりません。あまり値切るとチノ（支那人、おもに台湾人のこと）やコレアーノ（朝鮮人、おもに韓国人のこと）と間違えられますので、日本人としてのプライドが許さないのです。

ルイス君は、中には掘り出し物もあると言いますが、贈答品や記念品にもならず、物置の片隅にしまい込んで終わりと思いながらも、人垣を掻き分けて、手あたり次第に品物をあさりました。

どこをどう歩いたのか見当もつきませんが、とにかく食堂に入りました。

食堂とは名ばかりで、五メートル四方を丸太とヨシで囲った低い天井の店で、土間には二メートルほどの長さのテーブルが二列あるのみで、客は誰もいませんでした。ただ、内部は色々の工夫がしてあり、とてもヨシズ小屋とは思えない造りでした。

そろそろ夕食時でもあり、ルイス君は、日本人は肉よりも魚がよいと判断したのでしょうか、この魚専門の店に案内してくれたようです。

店の主人と挨拶を交わしました。手漕ぎの船で漁をしているのでしょうか、身の丈はさほど大きくないのですが、丸太ん棒のような腕をしていました。ぐっと握手する力で手のひらが赤くなりました。

早速わけの分からない魚の刺身を、野菜を入れるような大皿に山盛り持ってきました。チリ産のビノ（ブドウ酒）を勧めながら、魚の味はどうかと盛んに聞きます。今までに食べたことのない味で、ハモとタチウオをミックスしたような、案外たんぱくな味で、確かに美味いのですが、ルイス君と我々三人ではとても食べ切れそうにありません。美味いというと、さらに一皿持ってきて、この魚はこんな形をしていると、わざわざ調理場から二メートル近くもある鰻のお化けのような魚の実物を吊り下げてきました。

寒冷地に棲む深海魚の仲間でしょうが、魚の名前は忘れてしまいました。

今度の魚は、さらに美味いと言って、カレイかヒラメの親方のような、得体の知れない大きな魚も見せにきました。そして、まだまだ後には美味しいものが出てくると自慢するのです。

かつて、マゼラン海峡の南に位置するフエゴ島のクスアイアの町の食堂で、毛ガニの味噌を腹一杯食べたことがあります。せいぜい二十センチの特大の甲羅のカニ四、五匹が限度でした。

この江戸っ子気質の親父にはかないません。作戦を立てなければと、親父も同席させて飲みながら話すことにしましたが、この作戦は見事に失敗しました。その親父いわく、

「日本は、昔ロシア帝国と戦って勝った。前の戦争でもドイツと共に世界を相手に戦ったが、最後まで戦ったのは日本であった。ドイツ人は根性がない。だから日本人は大好きだ」と一世紀も前の話を持ち出します。この話はおよそ当たっていると思いますが、残念ながら私の語学力の弱さ、推量も多分に入っておりますます。

ドイツ系食堂の夕食風景

おたがいに声を張り上げ、分かっても分からなくとも、ワイワイと他愛もない話に興じ、時の経つのも忘れて喋っているうちに、調理場にいた女将と息子まで現れ、話題の中に入ってきました。

こうなると料理人が居なくなり、まことに好都合でしたが、その後が惨めなことになりました。

断っておきますが、ドイツ人は食卓に出した物を残すと非常に嫌う民族のようです。行きつけのドイツ人経営の焼肉やレストランでの体験でもそうでした。

親父によく似た息子は、十九歳で始終ニコニコしながら皆の話を聞いています。

母親は、息子が人様の前に出ることはまずないと言いながら、今夜は余程気分が良いからだと言っていました。

日本人に興味があるのか、娘に対して、口や手を盛んに動かしながら意志表示をしますが、娘は言葉がわからず、残念ながら話が出来ません。押し黙っていました。女房の通訳から察すると、今は父親の手伝いをしているが、日本に行って電気（コンピューターのことではないかと思う）の勉強をして、お金を儲け、母親を楽にさせるのだと言っているらしい。

このあたりの様子までは覚えていましたが、その後のことは、酩酊して何が何だか分からなくなってしまいました。

日本を出発する前、外国人、特にヨーロッパ系とは肝臓の機能が違うので、くれぐれも呑み比べをしてはならないと医者に言われていました。それをすっかり忘れ、前後不覚となり、その後どんな事態に相成ったかは、一向に覚えがありません。

翌朝、女房にタタキ起こされ、穴があったら入りたい気持ちになりました。その内容は、我ながら面目ないので省略いたします。今でもルイス君や魚屋の皆さんにお世話になり、迷惑をかけたことをすまなく思うと同時に心から感謝しています。

ともあれ、これからどうする、どうする、と女房に追い立てられ、二日酔いとも言っておれず、とにかくブスの案内所に向かいました。

昨日、世話になったセニョリータは、昨晩の出来事を既にルイス君から聞いていたらしく、ニヤニヤしながらも快く挨拶に応じてくれました。

飛行機の予約を頼むことにしましたが、予約は飛行場以外はやっていないとのことでした。当方は、飛行場はおろか西も東も分からない有様で、藁にも縋る思いでお願いしました。彼女は、しかたなく飛行場の案内係と盛んに電話でやり取りをしていましたが、とりあえず三人分の座席を見つけてくれました。

ところが、その飛行機だと今すぐ出発しても間に合わないかも知れないと言い出しました。こうなるとオンブにダッコしかない。タクシーに彼女も乗せ、飛び立とうとする飛行機の離陸を遅らせてもらい、その間にチケットを購入し、手続きを完了させ、息も切れんばかりに飛び乗ったのです。

最後に、「サンティアゴの宵は美人の集まり」と題し、軍令下の庶民の様子、アメリカ大陸三C美人の娘たちの活発な行動、リオやブエノスと違ったサンティアゴの都市、愛嬌のあるHな土産物（女房、娘の手前買うことが出来なかった）等について筆を進めたいと思っておりました。

しかし、二回の入院でフランケン・シュタインのような継ぎはぎの身体となり、体調もよくないので、この辺で紀行文を終わらせていただきます。

（一九九四年十月）

パタゴニアを超えて（三）

六、ことわり

「パタゴニアを越えて」を、再び続けることにしました。

約束ごとが実行出来なくて、断りの口上をアアでもない、コウでもないと屁理屈をまくしたてたり、期日が守れなくて「言い訳」の手紙を長々と書くことはママあったものの、今回のように「止めた」と言って、再び続きものの紀行文を書くなんて初めてであります。

前二回の紀行文だけでは中途半端でありましたが、とにかく終わりと申し上げたのでありました。しかし、運営委員の皆さんから、体調も回復したことだし、投稿ページも既に組んでしまっているので、是非続けるようにと尻を叩かれたのであります。

日頃、運営委員の皆様の並々ならぬ努力で会報が出来上がっているのを知っている手前、断りきれないという実情と、アンケートの結果を見ても、あまり協力はできませんが、今まで通り続けるようにとも読み取れますので、仕方なく続けることと致しました。

しかし、なにぶんパタゴニア地方を旅行したのが、一九八六年十二月二十〜二十八日で、既

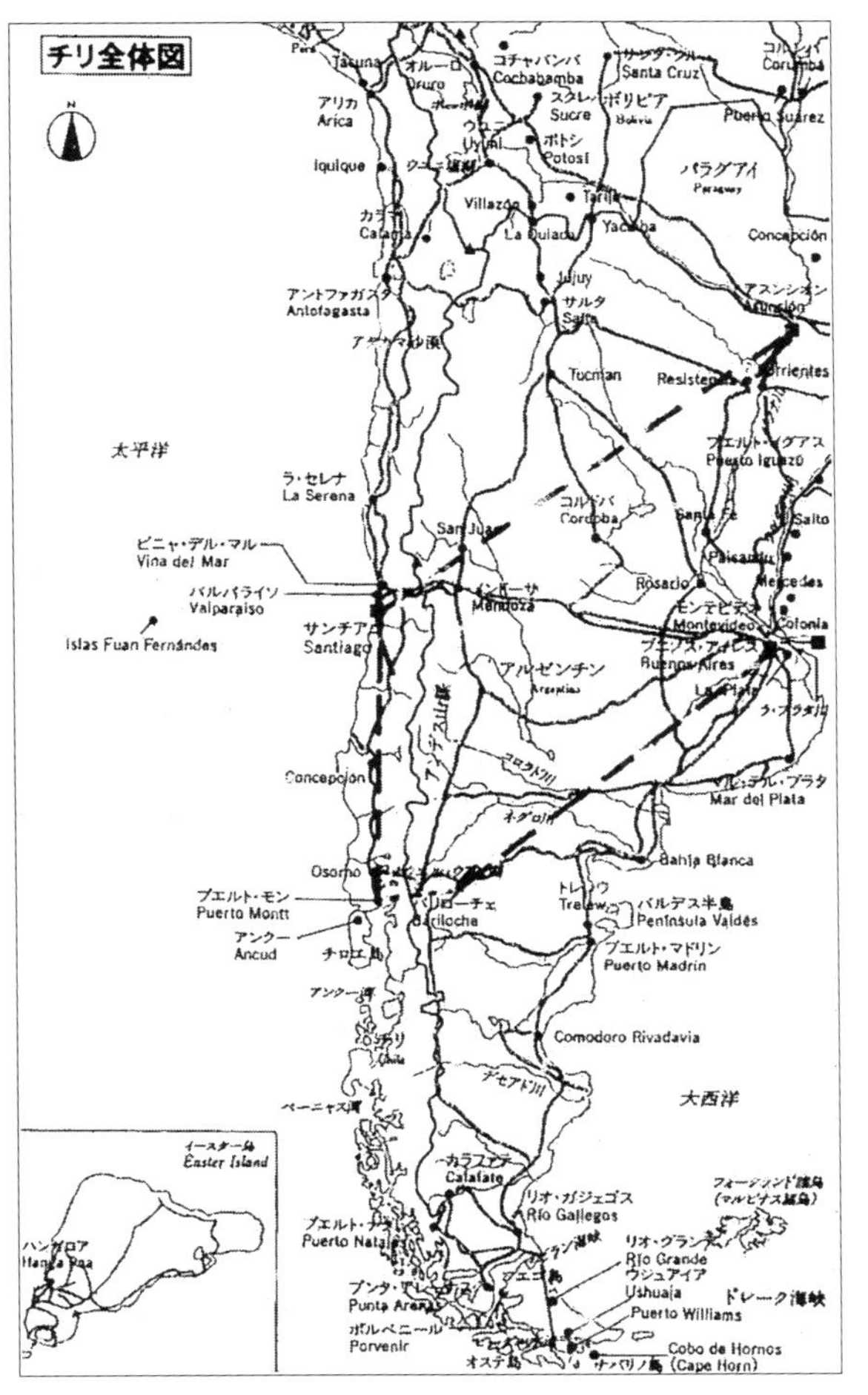

「avión」 〜 Santiago 〜「bus」 〜 Valpariso 〜「bus」 〜 Vina del mal 〜「bus」 〜 Santiago

に八年も経過しており、思い起こすのに一苦労も二苦労もせねばなりません。断片的に覚えているものは、とてもとても刺激の強いもので、喋ることは出来ても、記録に残すとなると年甲斐もないヤツだと言われるし、それ以外はチッとも面白くも可笑しくもありませんので詰まらないですよと委員の方に申し上げたのでありますが、とにかく再開することにしました。

七、首都サンティアゴ

笠置しず子の歌った「何が何だかさっぱりわからず、どれがどれやらさっぱりわからず、ワテほんまによう云わんわ」と泥酔気分で、国内線に飛び乗ったのでありますが、それでも上昇するにつれて、機内の気圧も多少下がるのでしょうか、二日酔いのうつろな眼も、霧が遠のくように、少しずつ晴れて来たのであります。

眼下には夏至（日本では冬至）を過ぎたばかりの夏の最中というのにアンデスの山並みが、雪を頂きながら南北に走っています。富士山のような噴火口があって裾野の広がる山が、四つも五つも気ままに点在しています。

現地語（アイマラ語）で、チリとは、地果てる所という意味であります。また、聖書には載っていないものの、天地創造の七日目、休息をしようとした神のもとへ天使が慌てて駆けつけてきて、天地創造に用いた材料が、どれもほんの少し残ったと言うのです。

休息を妨げられたくなかった神は、どこか地の果てにでも纏めて捨ててしまえと命じました。そこで、天上からアンデス山脈を見つけた天使は、その向こう側に総ての材料、つまり砂と水、火山と河川、金属と樹木、暑さと寒さ、砂漠とフィヨルド、山脈と峡谷、動物達と花々などを少しずつばらまいたのであります。

南北四二〇〇キロメートルに及ぶこの国土は、自然環境を異にする、北部、中部、南部の三地域に分けられます。

北部地域は、ペルーとボリビアから戦争で奪い取った砂漠地帯が広がっていますが、世界最大の露天掘り銅山や、今や下火となったものの、火薬の原料であるチリ硝石を産出する地帯であります。

中部地方は、気候が温暖で人口の大半が集中し、首都サンティアゴを初め、主要都市が集まっています。また、中部はチリ随一の農業地帯であると共に美人の産地でもあります。

南部地方は雨の多いところですが、鬱蒼と茂った森の広がりの中に湖が点在しています。樹齢数百年のアラウカリアを初め、カシ、ブナ、ニレ、カラマツ、ショウナンボクなどが深い森を作り、幹にはツルが絡み、密生した低木とシダが人々の侵入を拒んでいます。国花コピクエが鮮やかな赤い花をつけています。

蝶やカブトムシなどの昆虫、さまざまの色の野鳥、狐、野兎、リスなど沢山の生物が豊かな森と調和している地帯であります。

しかし、機上から見下ろす限り、詩人パブロ・ネルーダが「海とブドウ酒と雪の細長い花びら」と歌ったのが、チリの国をピッタリと表現しているように思えます。

まもなくチリ時間で十時（日本との時差十三時間）になります。右前方の七〇二一メートルのアコンカグワ山の頂きが、どんどん高くなってきます。高度を下げ、着陸体制に入っているのでしょう。プダウェル国際空港はまもなくです。

滑走路に足が着きました。サンティアゴは真夏というのに思ったより涼しく、空気も乾燥していてとても清々しい陽気でした。

厳戒令下というものの、軍隊もいなければ警察の見張りもありません。税関での検閲も待たされることもなく、スイスイとロビーに出ることができました。

ロビーでは、当分発着する飛行機がないとみえて、ローカル空港のような静けさで、売店の売り子も退屈そうに私たちを眺めていました。

憧れの街サンティアゴに着きましたが、さて、「これからドゥスベーカー」とロビーを出て思案をしていますと、どこからともなくダフ屋らしき二人組みが現れ、「日本人の客か、君達によいホテルを世話する」と寄ってきました。

地図を広げ、指で位置を示しながら、いろいろとホテルを紹介してくれます。そして、どれも一泊五〇ドラレスと言っていましたが、段々下がって二〇ドラレスになりました。ドラレスというのはドルの複数を意味します。

そのうち女房が、ホテルは出発前から既に決まっているのに、今さら何をしようとするのかと怒りだしました。言葉ではうまく説明出来ないものの、サンティアゴの面白い所はどこにあるのかが聞き出したかったのでした。

サンティアゴの街の一部風景

ホテルは、繁華街のアウマダ通り（著者訳・狼煙通り）やアグステイナス通り（著者訳・アネモネ通り）から歩いて一〇分くらいのところにありました。十三階の東側のベルナルド通りに面した窓からは市内のほとんどが見渡せ、その先に、アコンカグワ山の白き頂きが、まるで手が届きそうだと錯覚するほど近くに見えました。

ＪＩＣＡに挨拶に行ったり、公園や繁華街を散歩したりしました。劇場に入るにも作業服姿ではどうかと思うので、チョッピリ上等の服に着替え、久しぶりの日本食にありつくため、税関で物議をかもしたあの「ミソ」を片手に知り合いの商社マンの家に向かいました。

幸い約三年間の異国生活の体験で、危険な場所とそうでもない処とを、何となく肌で感じ分けられるようになっています。

飛行場で買い求めた地図をたよりに、商社マンの家を探し廻りましたが、それほど苦労することもなく路地裏の二階屋を探し当てました。

知人宅での食事はパラグアイ産の「ミソ」、チリのとれとれの魚、それにアメリカ産のカリフォルニア米との三国合作によるにせ日本食でありましたが、とてもとても舌には堪(こた)えられぬ懐かしい味でありました。

昼食後、まず縄張りの違うチリのＪＩＣＡに渡世人としての挨拶をしておかねばと、早速事務所を訪れました。高層ビルの最上階で見晴らしのよい場所であったことは覚えています。しかし、どこにあったのか、歩いて行ったのか、タクシーで行ったのか全然記憶がありません。しかし、次の日から信頼出来る運転手をお願いしたことだけは覚えています。

名前の分からない公園を二つばかり散歩しました。どの公園も若い男女が嬉しそうに話し合っていて、中には人目もはばからず抱き合っています。こういう光景は日本でも最近は見受けられますが、とてもとても日本の比ではありません。惚れた同士が何をしようと別にどうこういうことではありませんが、我々のような年代になると何となくこちらが恥ずかしくなってしまいます。

アウマダ通りは、歩行者専用道路となっており、サンティアゴ随一の繁華街でした。立派なレストランや商店が並び、いつも人通りが絶えないようです。「ドラレス！」と大声でカンビイヨ屋（貨幣交換仲買人）が言い寄ってきます。路上には銀座の歩行者天国の日のように、演奏家や街頭芸人が奇妙な芸を披露していて、あちらこちらに大勢の人の輪ができています。

どこをどのようにさ迷って辿りついたのか分かりませんが、チリ舞踊の見学と夕食を兼ねてカンタガジョウ劇場（著者訳・歌うオンドリ劇場）に入りました。

非常に迫力のある演技を次から次へと披露してもらったことは、はっきり記憶していますが、断片的で、皆さんに説明出来るほどには、何も覚えていません。

ただホテルの部屋に帰ってみると、部屋に大きなデコレーションケーキとシャンペンが二本並べてありました。そういえば、その宵はクリスマスイブでありました。異国でのクリスマスの祝いを家族で楽しみました。

次の日、朝早くからイタリア系の運転手が出迎えに来てくれ、市内や観光地を案内してもらいました。しかし、あまり覚えていないので省略しますが、ポブラシオンの人たちについてだけは紹介したいと思います。

八、ポブラシオンの乙女たち

ポブラシオン（POBLACION）とは、スペイン語で、「人口とか、住みつかせる」というような意味でありますが、日本では貧民街とかスラム街と翻訳されているのではないかと思います。

南米は、国によって多少の違いはありますが、ここ、サンティアゴでは、中心街を取り巻いて何百と点在するポブラシオンは、市の人口約四〇〇万人の半分近くを占めている、低所得者の集まりであります。

貧乏集団地には違いないものの、貧民街とかスラム街とは区別して考えた方がよいのではないでしょうか。なぜならば、団地の中には所得水準によってさまざまの暮らしがあるものの、工場労働者、建設労働者、音楽家（日本でならば店から店へと歌い歩くナガシのような人）、ホテルやレストランの従業員、教師もおれば看護婦や警察官とあらゆる職業の人が住んでおり、収入は少ないものの立派に生計を立てている者が多いのです。

滞在中、朝夕通過するこれら団地には、ラテン系の血が交わっているのでしょうか、皆非常に陽気で、厳戒令下とはどこの国のことかと思わせ、とても信じられませんでした。

挨拶を交わすと、何のくったくもなく胸襟を開いてくれるのでした。粗末な家、生活道具の少ない家のなかも、何の恥じることもなく、総てを得意になって見せてくれるのです。

掃き溜めにツルのような綺麗な娘がウヨウヨいます。そして人の良さそうな顔をして愛嬌を振りまいてくれます。しかし、母親となると、これがまるきり違ってきます。上等な物はろくに食べていないと思いますが、やたらと太っているのです。そして、肌は荒れているし、声は太く大きくなって、どうしてこの女たちが同人種かと疑いたくもなります。

古いラジカセから雑音交じりの音楽が聞こえてきます。壁に沿ってぐるりと並べられた椅子に座って、数十人の中年女性がめいめい針を動かしています。子供連れの女性もいます。お喋りしながら手を動かしています。土産店に納める布製品の縫製をやっているらしいのですが、誰かが冗談を言うたびに笑い声がおこります。一生懸命やっているのかもしれませんが、見た目には何となくのんびりしていて、エンジョイしているように思えました。

それにひきかえ、小さい子供たち（幼稚園児から中学生くらいまで）は、靴磨き、掃除、子守り、タバコ売りとあらゆる仕事をしています。男の子も女の子もよく働きます。僻みや暗さがまったくないのが、本当に気持ちよいのです。それに引き換え、歳を取ると（四十五歳くらい以上でしょうか）、道路端や庭の片隅に椅子を並べて三人から十人程度の集団を作り、楽しそうに雑談に興じています。どこの国の年寄り連も井戸端会議が好きとみえます。

こういうポブラシオンに一人で潜り込み、何の屈託もなく、笑顔の毎日が続いていると、一年はおろか二年でも三年でも時の経つのを忘れて、住み着いてしまうのではないでしょうか。何となく浦島太郎の気持ちが分かるような気がするところであります。

いよいよ次の日はサンティアゴから約一〇〇キロ離れた、英国皇室ともゆかりのある農場の見学や、その昔、この国の玄関口であった、第二の都市バルパライソ（著者訳・天国の酒場、一般に・極楽の谷と訳されていますが、少し無理だと思います）や太平洋に面したビジャ・デ・マル（著者訳・海浜の村）へ行くことにしました。

九、海の見える街

バルパライソの街並みは、太平洋の荒波を真正面に受けながら、大きく彎曲した入り江に沿って出来ていました。

街は海浜に沿って長く伸び、さらに丘の斜面を這い上がって丘陵台地まで達しています。丘の台地から見下ろすと、摺り鉢状に色とりどりの家が、びっしりと張り付いて広がっています。また、チリ海軍の総司令部が置かれている軍港でもあります。港から眺めても軍艦らしい船は見当たりませんが、貨物船程度の大きさであれば、私共は気付かないのかもしれません。話は変わりますが、海のないパラグアイ国にも海軍があって、エンカルナシオンのパラナ川に二隻の軍艦が常駐しています。

しかし、動かざること山の如しというわけでもありませんが、ついぞ動くのを見かけたことはありませんでした。

このことをカウンターパートのAに話しますと「軍艦に乗って演習をしようではないか」と、さっそく海軍に相談に行きました。彼の女房の父親はその当時海軍のナンバー・ツウでありましたが、一九八九年のクーデター後は陸軍のナンバー・ワンになっています。

なかなか面白そうだ、話に乗ろうとしましたが「なにぶん海軍には今燃料の持ち合わせがない、燃料代を出してくれないか」と言うのです。

どうせチリの海軍も似たりよったりなのです。こんな話を運転手（この運転手は外務省職員で、当時はアルバイト中でした。正式には公務外の勤務は禁止されているのですが、半ば黙認されていました。このようなことは南米各国で多少の違いはあるものの、かなり高級官僚まで行なっているようです。国からの給与だけでは生計が困難だからと言うのです）にすると、日本人専門家が軍艦に乗りたいと望んでいるなどと、とんでもない事態に発展するかも知れません。

それよりもこの町は、世界的にも有名なカジノの本場だと運転手が得意げに話します。そして、年に一度の大会には世界中の賭博師たちが集まり、一夜にして何億ドルの金が動くということです。

その広大な会場に案内してもらいました。しかし、昼間は無人ゆえ、会場内には入れませんでした。

バルパライソの町から海岸沿いのハイウェイ道路を一〇分も車で走りますと、そこはもうビジャ・デ・マルの町でした。

赤、青、茶色と華やかな色彩のバルパライソの街の屋根と違って、ここは緑の街路樹が木陰をつくり、歩道に沿って、山側にはモダンな七、八階建白壁のホテルが並んだ、南米随一の海のリゾート地であります。

熱海の温泉街とは多少趣きを異にし、ほとんどが崖に沿った傾斜建築や、北米、南米の金持ちを迎えるための豪華なビルが山の手に広がっています。

街を行く人もバルパライソの町と違って、白い肌で金髪の娘たちが多いようです。その娘たちはブラジルの娘と違って、丸味をおびた面長の顔で、脚のスタイルがとてもスマートでした。

砂浜の続く海水浴場に車を止めました。はるか北の彼方には日本の国があるのだと思うと何となく海が懐かしく感じられます。

青い空には雲一つありません。入り江になっていても波が高く、泳いでいる人はほとんど見当りません。大半の娘は、尻が丸見えの、細い紐のような海水着を身につけて、砂浜で甲羅干しをしています。

このような光景は、リオのコパカバーナの海水浴場でも見かけられます。海水浴では女性は開放的になるようです。

試しに海水に足を入れてみました。南極から押し寄せるフンボルト海流のせいか、我々にはとても泳げたものでない冷たさでした。

ともかく「花より団子」と、海産物のレストランを探しました。磯の香りに調和して貝を煮炊きする匂いが、空腹を倍加させます。急いで、お客がたくさん入っている焼き魚屋に入りました。

この国には日本からの移民はいません。したがって、日本人の数は極めて少なく、大使館、JICA、商社の職員とその家族くらいではないでしょうか。彼らは、このような海の景色には日本で慣れっこになっていますので、ビジャ・デ・マルの町にはやって来ないようです。そのためか、レストランに入ると昼食を楽しんでいる人や、カマレラ（女給仕）までが、ワイワイ喋りながら、物珍しそうに私たちを眺めます。何となく見世物のような気がしないでもありませんでした。

そのうち、どこから来たのか、チリの国はよいところだろうとか、この避暑地は最高だろうなどと、婆さんたちから話し掛けられます。

まあ通訳はいないものの、周囲の状況や手まねで適当に判断し、会話を交わしながら、他のお客と同じように、ハマグリ、アワビ、日本では見たこともない貝や毛ガニ味噌や、名前の分からない魚などと色々と注文しました。

日本でこんな高級魚（本当のことは分かりません）を腹一杯に食べますと財布がいっぺんに空になるのではと思いつつ、昼の食事のひと時を楽しみました。

そろそろ旅じまいをしなければ首都に着くのが午後の四時を過ぎてしまうことになります。今日の夜更けになるか、明朝早く着くことになるのか、いずれにしてもいよいよチリの国ともお別れです。

バリローチェの街で少しは買い物をしましたが、土産物らしきものはまだ買っていません。これだけでは専門家や移住者の多いエンカナシオンの我が家へは帰れません。早速、運転手に土産店へ直行してもらうことにしました。そこはサンティアゴの山の手と言うべきか、アコンカグワ山に近寄った処でしょうか、高台の素晴らしく見晴らしのよい通りでした。

東京の浅草寺門前の仲見世通りのように、両サイドは総て商店が並んでおり、通りはコの字型に曲がっていますが、浅草の二倍はあり、それぞれの店の奥行きも二倍以上あったように記憶しています。

あまり高級な物は売っていませんでしたが、国際観光土産通りといった感じでした。その通りの名前は忘れてしまいました。

いろんな店を出たり入ったり、通りを行ったり来たりしながら珍品あさりをしました。しかし、メキシコやリマやクスコのように売り子が買え買えとうるさく付きまとうようなことはありませんでした。まことに紳士的というのか、淑女的というのか分かりませんが。

売っているものの中には、ナスカ、チャビンやインカ時代の模造品が沢山ありました。性に関しては真におおらかで、男女が上下になって交わっている姿のものもあれば、女の後ろから男が妙な格好をして、〇〇が半分位入った芸術的な妙作もあれば、常識的には考えられない方法であるが、男女が座ったまま〇〇〇している姿もあって、これがまた実に立派な作品でありました。

また、木製品で、どこかにからくりがあって、手を触れると自動的にズボンが下がり、〇〇が誇大に表現される人形がありました。その他色とりどりの作品を眺めているときりがありません。

それでもどこの国でも売っているエロ本とかエロ写真は売っていないのが不思議であります。

これらの芸術品（？）を、売り子の顔色を眺めながら買おうとするのですが、どうも日本人というプライドがチラチラ出てきて、どうしても買うことが出来ません。旅の恥はかき捨てだと思うのですが。未だに悔いの残るショッピングであったと思っています。

買い物も終わって一段落し、さあ、これからホテルに直行だ、と商店街を出ました。外はもう薄暗くなっていて、どちらの方向が、我がホテルなのか全然見当がつきませんでした。バス停もなければタクシーもいません。お抱えの運転手はすでに帰してしまった後でした。

さあ、どうしよう、どうしようと、ただおろおろするばかりでした。その後どうしたのかは、今、はっきりとは思い出せませんが、やっとの思いでホテルの十三階の部屋に辿りつきますと、部屋の机の上にカマレラ・デ・オテル（女の給仕）が書いてくれたのでしょうか、帰国に際し「プエン・ビアへ（楽しい旅行を）」の置手紙がしたためてありました。そのことだけは鮮明に記憶しております。

十、一〇〇〇ドル＋αの旅

思わぬヒヤ汗をかき、おろおろした、悔いの残る買い物もなんとか終わり、ホテルでシャワーを浴び、荷物の整理も終わって、帰り仕度はすべて完了しました。あとは国際空港へ行くのみになりました。

やっと心の余裕も出来、ホテルのレストランで遅い夕食をとりました。考えてみるとホリデーイン・クラウン・プラウダでの夜食をとるのは初めてでした。もう慌てることもありませんので、最後のチリ料理をゆっくり味わいながら頂くことにしました。

夜の十二時にホテルを引き払って、離陸するまでには、時間は十分あるはずです。あとは明朝六時頃パラグアイの首都アスンシオン空港に到着する予定です。パイロットも日本人二世と聞いているので安心していました。

ところで、今回は延べ九日にのぼる日程の約五六〇〇キロの旅でしたが、これを東京からに置き換えると、およそ香港、マカオその他周辺を観光して帰る旅に匹敵するのではないかと思います。そして、一人当たり一〇〇〇米ドルを支払ったのでありますが、その内訳は次の通りです。

航空運賃（アウストラル航空　AU）
ポサーダス～ブエノス間
（アルゼンチン航空　AR）
ブエノス～バリローチエ間

（ラデコ航空　UC）
プエルトモント～サンティアゴ間
（パラグアイ航空　PZ）
サンティアゴ～アスンシオン間

宿泊費　（アルゼンチン国　三泊）
ブエノスアイレス　三ッ星
バリローチエ　四ッ星
（チリ国　四泊内 AV 一泊）
プエルトモント　四ッ星
サンティアゴ　五ッ星
（バリローチエ、プエルトモントには五ッ星はない）

その他　船、バス、タクシー、ガイド料、入園料、その他

以上で、一九八六年当時は一ドルが一五〇円程度と覚えていますので、およそ一五万円で八泊九日の旅行をしたことになります。

また、プラスαとして旅行期間中の昼食、夕食、劇場等の入場料、その他荷物になるばかり

このブームに煽られて旅行するとしても、A旅行が終わるとB旅行がしたくなり、B旅行が終わるとC旅行がしたくなって、何か目的を持たないと次から次へ際限がなくなってしまわないでしょうか。

しかしながら、旅というものは、行きたいから行くのであって、あれこれ詮索するものでないかもしれません。

そうであれば、日本から観光ずれしていないチリやアルゼンチンへ、チョッピリ不安や冒険心を抱きながら、楽しい思い出を作るのも一考かもしれません。是非お勧めいたします。

（一九九五年十月）

浮き草は遥か彼方に――パラグアイの日々（一）

一、昔を懐かしむとは

還暦になったとは自分でも随分歳を取ったものだなあと思います。そして娘たちから贈られた赤い座布団に、はにかみながら座って、六十歳とはたまたま人生の一通過点に過ぎない、まだまだ足腰はそれほど衰えたとは思えないなどと心の中でつぶやいたものでした。これからが本当の人生だ、年齢ではない、体力と気力だと考えていたのですが、いつしか六十五歳も過ぎて、所謂、老人と称される年代となりました。昨夜飲んだ酒場での様子も霧に包まれてサッパリ思い出せず、また、電車のシルバーシートの席を譲られ、有難く座るように相成っては、自分でも人生の峠を下り始めたと痛切に感じます。

遺伝子も既に残したことだし、そろそろ生まれ故郷の自然界の原子や分子に戻るのも、そう遠くないと思うのです。病院の馴れないベッドの上で、見知らぬ先生や看護婦たちに看取られるよりは、狭いながらも我が家で家族や知人に見送られて健康で解脱したいと思うのですが、いかがなものでしょうか。

生意気にも、「人生とは何か」がある程度分かってきた積りでいても、これから先を見つめたり、考えたりしますと、時々、何となく空恐ろしく、神や仏に縋り付きたいと思うことがあります。

しかし、日本国の歴史はいつの頃から始まったのか、よくは存じませんが、明治の中ごろまでは特に文武に秀でた人とか、善政をしいたり、徳を修めた人とか、庶民を飢餓から救った人とか、人々の流行り病を治した人とか、所謂、高名賢者と称される人が、死後、神や仏となって神社や仏閣に祀られ、後世の人々から崇められたり、また諸々の願いを受けておりました。ただ、日本人のように論理的に物事を処理する民族であっても、どのような規律や基準で神となったり仏になったりするのか、その区分は今一よく分かりません。明治政府が改革の旗印のもと、独断と偏見によって決めたのではないでしょうか。

たとえば、菅原道真や親鸞上人も現世においては神や仏に最も近い人間だと思われたかも知れませんが、本人はまさか神や仏になるとは夢ゆめ思わなかったのではないかと推察致します。

つまり彼らは死後絶対的な権力者や崇拝者によって、さまざまな理由から神や仏に奉り上げられたのではないでしょうか。

現代では、神社と仏閣とは厳密に区分されておりますが、明治以前の社寺では特定のものは別として、その区分は曖昧でむしろ神仏混合が自然であったようです。

このような神や仏になれる人が、今後ノーベル平和賞を受賞しても、人類の繁栄に寄与しても、また、国難を救ったとしても、天満宮や乃木神社の主のようにはなれないと思いますが、いかがなものでしょうか。

それは何故でしょうか。絶対的な権力者や崇拝者がいなくなったこと、一般庶民の知的能力の向上に伴って、神話や伝説が否定され、物事に対して唯物思考による批判者が増してきたこと、神や仏に対する概念が変わってきたことなどが起因しているのだと思います。

しかし、このことと新年の神社やお寺への初詣でとの関係はどうなっているのでしょう。とにかく理解に苦しみますが、現代人が神や仏にお願いしたり縋ったりするのは、具体的に、天満宮とか明治神宮の主に対してということではなく、漠然とした、絶対的なものに対する崇拝や願望からなのではないでしょうか。

キリスト教、マホメット教、ヒンズー教など世界各国や民族には色々の神や仏があって、それらを信仰する人々の願いや思いはよくは分からないものの、信仰に対しては、疑う余地もなく真実一路である姿を垣間見ることがあります。

話の筋道をこんな方向に進める積りはなかったのでありますが、ついつい妙な方向へと走りました。本来の話に戻したいと思います。

今ではもう四十年、いやもっと以前のことになります。初めてサラリーマンとして役人生活に入り、二十年間ほどは、たえず上司から仕事に対してのお叱りや指導を受けながら、いつも耳にしたのが、「今時の若いヤツ等は根性がなくてダラシがない」とか、「手を汚すのがきらい」とか、「泥を被りたがらない」などという批判でありました。

そして、「先輩諸公の若かりし頃はこうだった」とか、「率先垂範して川の中へ飛び込んで工事を完成させたものだった」などとハッパを駆けられたものでした。

その頃は年寄りとは何て昔のことに拘って喋ったり、威張ったりするのであろうか、また、当時流行していたタイガー計算機や計算尺をまともに使いこなせないくせになどと内心思いながらも、歳を取るということは、昔の良きことばかりが脳裏にこびりついて、今一度と思いながらも、自分の能力には限界があることを悟り、除々に積ってくるノスタルジックでやるせない思いを抱いてのことではなかろうかと思っておりました。

その後、紙切れ一枚の転勤命令書で、二十年以上も浮き草生活をしてまいりますと、誰しも職位が上がって部下も出来、所謂、窓際族と言われるようになりますが、中身は歳を取っただけで大したことはありません。

それでもいろいろの連中を集めて、研修や講習をやったり、会議を開催したり、討論をやったりするようになります。そして、その仕事の内容のほとんどが、良い仕事をするためにはいかにあるべきか、降り懸かる膨大な事業量に対し効率よく仕事を消化する方法はないものかなどが問題となってまいります。その際には、奇しくも二十年前の先輩諸公と同じ言葉が出てくるのであります。

時代は変わっても「今の若い者」とか、「今時の若い世代は」という言葉は、技術者だけではなく、いろいろの社会でも語られ、引き継がれているようであります。

つまり、歳を取った者は総てとは申しませんが、このように昔のよき思い出のみを走馬灯のように思い出し、ついついそのような表現が口をついて出てくるのでありましょう。

最近、ＮＨＫラジオの早朝番組「この頃思うこと」を床（とこ）で目覚めながらよく耳にしております。投稿のほとんどが六十歳を過ぎた年代の人たちで占められております。そしてその内容は千差万別であるものの、今の社会、特に若者たちに対する意識のあり方、考え方、行動に対するものであります。所謂、「世に処する常識が欠けている」、「共同精神に乏しい」、「平和に名を借りた身勝手」などという表現であり、「伝統ある稲作民族の姿を忘れ、徐々に一匹狼になりつつある」といった苦言が多いように思われます。

確かに亀の甲より年の功という譬えもあり、歳を取るということは色々の経験や知識が積み重なって正確な判断を下す場合もあります。しかし、あながち良いことばかりとは言えません。石橋を叩いて渡るとなるとフロンティア精神に欠け、新しいものを思いつかないきらいがあります。

まあ、色々考えさせられることが多々あり、また、年寄りの愚痴には違いありませんが、四十年以上に渡る、浮き草生活の思い出の一コマを以下にご紹介したく思います。

二、魔法使いのお婆さん

その人を「魔法使いのお婆さん」と、私は呼んでおります。歩く格好から七十歳前後かと思いますが、肌の色の違う人は、私達が想像するよりも老けて見えるのが普通で、存外若いのかも知れません。

いつも背中を大きく丸め、高いかかとの靴を履いており、音をたてずにゆっくりとすり足で歩くスタイルは、小柄で何となくみすぼらしくみえます。口は、喋る相手もいないと見えて、横一文字に結んで顎と共に突き出し、青みがかった大きな目は、疲れ切っているのかほとんど動かず、顔を左右に廻してはあたりを眺めております。

そんな婆さんをなぜ魔法使いと思うようになったのでしょうか。細身の身体に頬が痩せこけていて、おまけに鼻が異常に高く、ユダヤ人か地中海沿岸の東ヨーロッパ人のように、への字に折れ曲がった形相をしているからであります。

その上、くたびれた喪服のような黒くて長いワンピースをいつも着て寝起きしているので、子供の頃、夢中で読んだイソップ物語に出てくる魔法使いのお婆さんにそっくりといったところであります。でも、黒い頭巾を被っているわけでもなく、まして魔法の杖を持って歩いているわけでもありません。

しかし、昼間や夕方であればともかくとして、夜などに暗闇の中でバッタリ出会おうものなら、ぞっとして身の毛がよだつこと度々でありました。

とは申しても、三年近くも朝晩よく出会っていたのですが、ついぞ化かされたことも魔法をかけられたこともありません。まして最近流行しているマインドコントロールをされた覚えもございません。

このこととは変わりますが、私が住んでいましたこの街は、道路網の整備が比較的よく進んでおり、縦横一〇〇メートル間隔で幅一〇メートル（車道部七メートル、歩道部一・五メート

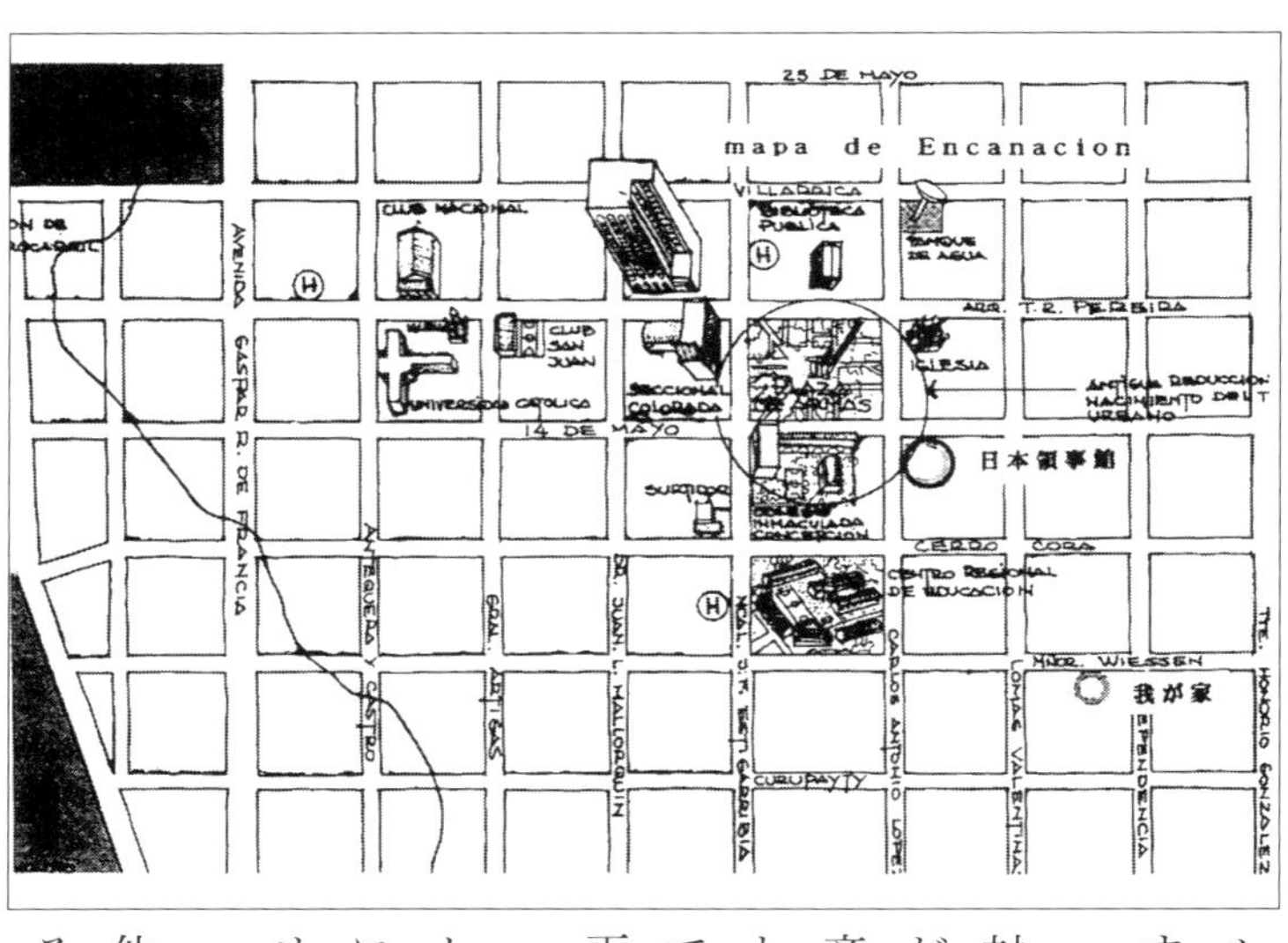

ル×二）の道路が升目のように仕切られております。

そしてメイン道路（東西方向、つまり商店街に対し直角の方向）に対し二〇メートル間隔で敷地が区切られており、他方、サブ道路（南北方向、商店街は例外で東西方向と同じようにメイン道路となっている）の方は、五〇メートルに区切られているので一〇〇メートル×一〇〇メートルの区画内に一〇戸の家が建っている計算になります。

したがって、一軒の宅地面積は一〇〇〇平方メートルになります、都会に住むサラリーマン諸君にとっては、夢のような住宅と言えるかもしれません。

そして裏庭には、マンゴーやミカン、バナナの他、南国特有の傘のように開いた大木が植えられ、その木立に囲まれて自家用のプールや屋外食堂の施設があります。食後の憩いの一時や親しい友人と屋外で食事を楽しむガーデンが広がっております。

なぜこのように間口が狭く奥行きの長いウナギの寝床のような区画になっているかというと、総ては庶民の生活の知恵というべきであります。このことは土地の税金、ゴミ収集や街灯料金など総て料金徴収の算出対象が、間口の幅で決められるからであります。このような区画割りで、商店街から三〇〇メートルも離れた高台の住宅地に私の借家があったのであります。

そしてこの高台は、国道一号線まで続いていますので、一度、夕立のような豪雨が三十分も続くものなら、家の前のレンガ敷きのメイン道路は途端に水路に早変わりするのであります。

しかもこの道路は、八〇分の一程度の勾配となって下っていますので、雨水は濁流となって、商店街のゴミや土塊を道路幅一杯に押し流してきます。

一年を通じて四月から七月にかけて、ピンポン玉のようなヒョウが降り、その後おきまりのように豪雨となる期間、十月から十二月にかけて梅雨明け時のようなバケツをひっくり返したような豪雨の降る期間に、たまたまそんな時間帯に帰途につくものなら靴下をポケットの中へ押し込み、靴をぬぎズボンを捲り上げ、傘を片手でさして、車道の中央部を脛まで濁流につかりながら、我が家に向かうのであります。

そして昼間でも暗くてよく見えないそんな時、隣の小児科医院の玄関か、我が家の車庫でズブ濡れになって雨宿りをしている「魔法使いのお婆さん」によく出くわしたのであります。

大変困っている様子は分かっているものの、何となく気味が悪くて我が家で雨宿りさせる気持ちにはなれません。お婆さんは、何も言わずに、雨の中、傘もささずに濡れながらスゴスゴとどこかに立ち去って行きますが、そのつど後味の悪い思いをいたします。

そんなお婆さんは、必ずしも高台ばかりをウロツイテいるとはかぎりません。

時々、下町の税関の横、郵便局や商店街の片隅で見受けることもあり、また、立派な塀で周囲を囲まれた一〇〇〇〇平方メートルもある大きな家の玄関横で、塀を利用して洗濯物を干しながら、寝起きをしている姿をまま見受けることもありました。

そのような光景は、家主は勿論、お巡りさんも道行く人々も、承知の上のことと思いますが、一向に文句を言う人はいないのです。いや、むしろ水を汲んできたり、洗濯物を干すのを手伝っている人がいたりするのが不思議でなりません。

しかし、そうは言っても例外はつきものであります。高台の商店街のほぼ中心地に雑貨店がありました。爺さんと息子二人が仲良くではありませんが、手分けをして商いをやっておりました。お金は大分持っているような話ですが、元来ケチでその名が通っております。

息子二人は、私が見る限りそれほどとは思わないのですが、親父ときたら赤ら顔の上、カニのように四角い顔をして、歳は取つても矍鑠(かくしゃく)として頑固が息をしている感があります。

我が家の大家でありますが、いつの間に大家になったのでしょうか、その経緯がさっぱり分かりません。

そんなことで、或る日、突然、

「これからは、君たちの家主である」、「家賃は月初めに今までより一〇〇〇ガラニーをプラスして持ってくるように」と、しわくちゃ婆と連れ立って、赤ガニ爺がやってきたのでありま す。借家人がどんな面をしているのかを見定めようとしたのでしょう。

早速、旧大家に対し、

「何の連絡もなく藪から棒に大家が変わるとは何事ぞ」と苦情を申し入れたのでありますが、この国にはどんなルールも通用しない、今後は新しい家主と総てについて交渉するようにとのことでありました。

この一家は、五十年も以前、爺さんがまだ若かりし頃、スターリン政府の迫害に遭い、命からがらウクライナ地方から逃亡してきたようです。

この街にはこのような人が十家族くらいあるとの話でありますが、総じて皆さんケチとのことです。でも、真意のほどは分かりません。

そして、この雑貨屋の前だけはこの「魔法使いのお婆さん」も近づくことが出来ないのでしょうか、時々遠回りして歩いております。宗教上の違いか、あるいは日本人のように自分の生活圏以外の人間には極めて冷たいのでありましょうか。

この身寄りのない婆さんの氏素性について調べたのでありますが、一向に埒があきません。なんでも失恋して頭がおかしくなったと聞きました。もしかして若くて夢多き年頃に、ただひたすら愛する人を想い、地中海や大西洋の荒波を乗り越え苦難の末この地に辿りついたものの、想う人にはすでに妻子があって、悩みに悩んだあげく、今の姿になったのかも知れません。また、彼女を仙人だという人もおりました。平和を愛し、慈しみ深い彼女はナチスの迫害を恐れ、戦火の銃弾をかいくぐり、流れ流れてこの地に辿り着いたのかも知れません。

いずれにしても、これは私の想像に過ぎません。本当のことは何も分かりませんが、詮索しても無駄のようであります。しかし、現実の彼女は、今風に言うとホームレスであります。女性のホームレスというところでしょうか。

しかし、東京駅の地下街や上野の山で木陰に土木現場から無断で拝借した青色のシートで住処を作っている人々と同じには考えたくありません。

何と言っても彼女はまずもって清潔であることです。時々パラナ川の浅瀬で、黒いドレスを着たまま水浴をしているのを遠くから見かけることもありますし、小さな空き缶に水を何回も何回も汲んできては、歩道のレンガを利用して洗濯をしていることもあります。

また、そよ風の吹く涼しい日には、木陰で読書や瞑想にふけっている姿をよくみかけます。

そして、およそゴミ箱をあさったり、物乞いをしている光景は見かけたことはありません。ただ、断りもなく他人の軒先を拝借して寝起きするくらいの他は、人様に迷惑を掛けているのを見たことがありません。

このような女性ホームレスは、この町のほかにも首都までの国道一号線沿いの町外れや高台に、二人いるのを知っております

レストランから撮ったフロリダ湖

その一号線を、仕事や私用で首都までの三六五キロの道程を月一回程度走っておりましたが、バスで行くならば五時間、マイカーに乗るならば四時間三〇分ほどかかります。

途中、おおむね半分の位置にあるプエプロ・デ・フロリダの見晴らしの良いレストランで、ほとんどの車が食事もかねて一時間くらい休みます。

この地は、特に定まった季節はないのですが、雨期には、印旛沼のような湖となって観光船や釣り舟も出ますが、旱魃（かんばつ）ともなると、湖が干しあがって溜まり池程度に減少するものの、熱帯地方独特のマメ

科の植物や名も知らぬ大木が生い茂った景勝地でありま
す。

この地で休息をとりますと、バスであれば平均毎時九二キロで運行するためには、途中にある草原や森林地帯は別として、町や部落や牧場等を通過するので、常時、毎時一二〇キロくらいで疾走しなければなりません。

また、マイカーによる場合では、さらに早く時速一四〇キロが必要であります。これがまた大変でありまして、背中に瘤のある巨大な牛の群れが牧柵を破って道路に寝そべっていたり、横断していたりするので、車の方が遠慮して徐行せねばなりません。また、途中、軍隊の駐屯所では前後二キロについて制限速度毎時二〇キロを守ったり検閲に応じたりせねばなりません。

このような一号線沿いで、羊毛の加工品を売っている部落のはずれに一人、ホームレスがいました。またフロリダ湖のレストランで一息いれて三〇分も走ると地平線が遥か彼方まで見える高台に小さい部落がありますが、その片隅で二人目のホームレスに出会います。

初めのうちはバスに乗っても、マイカーで行っても気がつかなかったのでありますが、たま

背中に瘤のある巨大な牛

たま、ある時この国の友達と一緒にマイカーで首都まで行ったのであります。

その友達は二十九歳と若いのですが、すでに妻子もあって、娘のチカはまだ四歳になったばかりだというのに、踊ったり喋ったりする格好は一丁前で、喋り方など私よりもスムーズであります。

そのような環境にある彼は、この国では大学出のエリートに属する存在でありますが、当時貰っていた給料だけでは生活が成り立たないようでありました。彼の月給は、私の滞在費のおよそ十分の一程度らしいのです。日本円に直すと五万円であります。したがって、生活条件や物価の違いはあっても半月と少々しか生活が出来ないと言っておりました。

そんなことで、一ケ月の生活費は最低でも八万円は掛かるので、当然、奥さんも共稼ぎしなければならない家庭であります。そこで、時々私の家に子供や女中まで連れてきては夕食を共にし、生活費の足しにしているようでありました。

そんな彼が、ホームレスを指で差し、私に言ったのです。

「見てください、あそこに恵まれない老婆がおります」

「ちょっと立ち寄って慰めの言葉をかけたいのですが、よろしいでしょうか」続けて、「あの老婆と比較すると、私は非常に恵まれております。私と家族は今日まで不自由なく生活が出来ておりますが、それに引き替え、あの老婆は身寄りがおりません。彼女を救うため、大したことは出来ませんが……」と言いながら小銭を恵んでおりました。

二人の表情や動作から判断しますと、この道路を通過するたびに彼はその老婆に小銭を恵んでいるようです。

そして「パン一個を節約すれば空腹になるには違いないが、そんなことで死ぬことはありません。それよりも老婆が喜んでくれる方が嬉しい、それはマリアさまの教えに叶うから」と申しておりました。

それで思い出しました。日時は思い出せませんが、どこを見渡しても、放牧された牛の群れがチラホラするばかりの原野の真っ只中のある道路で昼休みをしていると、どこからともなくカーボーイが二人が現れて、

「車が故障したのか、体調でも悪いのか、どう協力すればよいのか」と心配そうに話し掛けてきました。我々は昼休みの最中で、

「ブエノ・ノアイ・プログレマまで行く」と言うと、軽く会釈して立ち去って行きました。お互いが助け合うのは当然といった感じの青年たちの振る舞いに心打たれるものがありました。

その後、現地の人々と何かにつけて友好を深め、家族同士の付き合いも広げました。また、教えたり、教えられたりもしましたが、心の持ち方、楽しみ方ということになると、むしろ教えられることの方が多かったように思います。

そんなことで、余計なことかも知れませんが、日頃、大使館やＪＩＣＡの日本的な運用や指導方針に対しては多少意見が違っていて、あまり評価が得られず面白くなかったのであります。現地で付き合っている人々から日本のマリア様とニックネームを頂き、お目出度い人間なのか、お人好し人間なのかと思いつつも、せめてもの慰めであったと思いながら、遥か彼方の国から帰国した次第であります。

（一九九六年十月）

浮き草は遥か彼方に——パラグアイの日々（二）

三、チイパー売りの青年

「盆のような太陽」という表現がぴったりあてはまる日の出です。日没の真っ赤な夕日とは多少異なって、黄金色に染まり、国道六号線の遥か彼方のV字形になっている掘割の真ん中に、そんな太陽が大きな姿を現したところであります。

その太陽に向かって、昇るのを待ってくれと言わんばかりに通勤自動車を走らせているところなのです。

陽光を浴びた山川草木、動物や点在する農家、目に入る総てのものが黄金色の弱い光の影を映し、あるものは早い朝の清々しさを待ちわびていたかのように活気に満ちてはしゃいでおり、あるものはやっと眠りから覚めたとはいえ、今少しこのまま寝かして欲しいとたたずんでいるようであります。

その日はサマータイムに切り替わった初日、わずか一時間の違いとはいえ、眠い目をこすりながら日の出と共に出かけなければ六五キロ先にある農業機械化センター訓練所の勤務に間に合わないのであります。これでは今後、半年間のサマータイムが思いやられる、と愚痴をこぼしながらも、時速一〇〇キロ以上のスピードで原野の多い六号線を突っ走っているのであります。

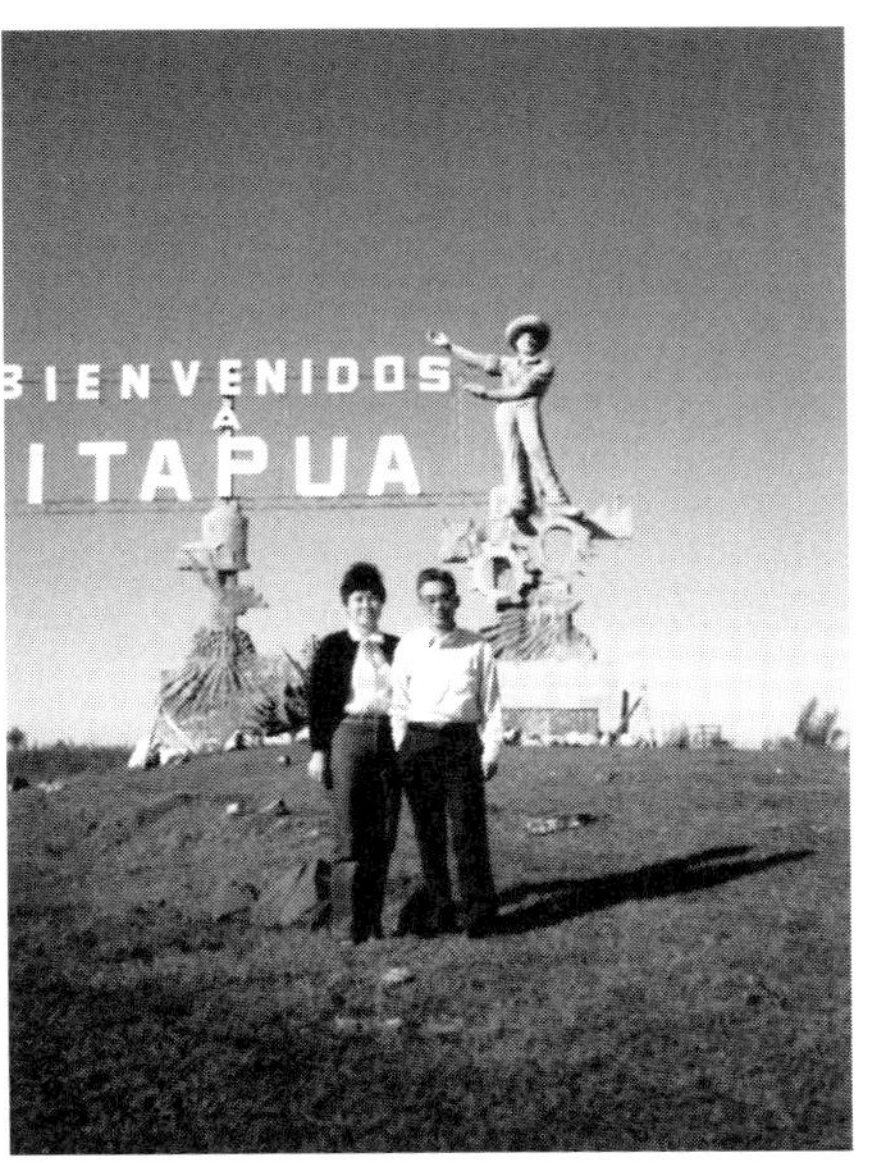

ようこそイタプア県へ

この幹線道路は舗装がしてあるので、夜半から明け方にかけて、輻射熱によって路面が原野や畑よりも冷やされます。冷たくて気持ちがよいのか牧柵を破った背中に瘤のある巨大な牛が、のんびりと道路の真ん中で寝そべっていることがよくあります。霧のかかった沢や谷間などは見えにくいので特に危険が一杯であります。

勿論、ぶつかった場合、飼い主が車

の破損や運転手の怪我の治療費は弁償してくれることになっていますが、いざ事故が起きた場合、牛の体に飼い主の名前が書いてあるわけでもありませんので、実際は、持ち主不明でぶつかり損となる場合がほとんどのようであります。

今までに何回か一〇トン級のトラックやトレーラが牛と衝突してひっくり返っているのを見ました。巨大な牛といえども相手がトラックとなると致し方ありません。どの牛も即死であります。

そんなこともあって、霧の発生しやすい場所では、霧が出るからヘッドライトを下向きに照らし、スピードを落として走れとか、この辺りは猿や蛇やアルマジロが横断することがあるので気をつけて通れとか、縦断勾配の上下動の激しい箇所では、対向車が見えないので追い越し禁止等の標識が立っているのではありますが、実際はあまり守られているとは言えません。まして制限時速が何キロであるかも分からず運転している者がほとんどだと思うのであります。

それでも朝の清々しい大気にふれ、前夜の暑さから解放されると、だんだんと活気が体全体に満ち溢れてきて、今日もまた一日頑張ろうと決意するのであります。

見晴らしの良い高台の料金所にさしかかりました。この辺りから今来た方向を振り返りますと、八キロ後の大河（川幅約四〇〇〇メートル）の川面が黄金色に輝いた雲の下で絶え間なくキラキラと鈍く光っており、その川向こうの木立の合間には、ポサーダス、「旅人の宿」と名のつく異国の町が蜃気楼のように浮かんで見えるのであります。
また、前方の湿原の彼方には、小高い台地や谷が幾重にも果てしなく続き、太陽はすでに六号線の掘割の上を宙に浮かんでいて、湿原の霧も除々に消えつつあります。

水車式の船とポサーダスの町並木

日焼けした料金所の番人は、一人の時、二人の時と区分があるらしいのですが、よく分かりません。一ケ月くらいで同じ顔ぶれに戻ります。ただ、一ケ月と言っても四～五人の単位で、一週間くらいで交代しているもようです。無口のオヤジもいれば、愛想のよいオヤジもいます。皆さんの良いオヤジだと、二〇〇メートルも手前から車のナンバーが分かるとみえて、手を振って歓迎してくれます。

職業柄か非常に目の良いのに驚かされます。愛想の良いオヤジだと、二〇〇メートルも手前から車のナンバーが分かるとみえて、手を振って歓迎してくれます。

挨拶を交わすと言っても、
「おはよう、今日は良い天気です」
「今日は朝から暑い日です」
「今日は雨が降ってとても寒い」などといった

ごく他愛もない会話を、番人の下手な日本語で交わし、一〇〇グワラニー（日本円で二五円ぐらい）の通行料金をそのつど支払って通過します。ただそれだけでのことであります。

ここで通過するたびに不思議に思うのは、通行税のことであります。有料道路は、いずれの道路も、上り（地方都市から首都もしくは主要都市に向かう道路）は無料で、下りは有料というのであります。

例えば国道一号線の場合、総延長は三六五キロあって、ここを通過するのには三ケ所の料金所があり、通行料は〆て五〇〇グワラニーを支払うことになります。

国道六号線の場合は、総延長が二八〇キロでありながら、料金の方は一〇〇グワラニーでよろしいというのです。建設費の高い安いや工事施工の新しい古いは関係なく、首都に近づくにつれて、キロ当たり単価が高くなるのであります。また一方、交通量の方はと言いますと、一号線の方が六号線のおよそ一〇倍は下らないと思います。

いやいや、それ以上に不思議なのは、この国では物価がどんどん上がります、つまりインフレのことであります。大袈裟ではありません。この五年間で一〇〇パーセント増、つまり倍になっていると思いますが、そのインフレに対し、通行料はここ三年間一向に値上げする気配がありません。実におおらかと言えばそれまでかもしれませんが。

この料金所の停車地点にほとんど毎日のようにチイパーを売る若い娘がおり、朝早くから午前中ずっと、一個一〇〇グワラニーのパンを自動車が止まるのを見計らって、「おいしいチイパーはいかが？」と売りにまいります。

チイパーというのはマンジョカ（東南アジアのタロイモと同じではないかと思います）の粉とごく少量の小麦粉を練り合わせて焼いたもので、トウモロコシの粉にイースト菌を混ぜて焼き上げた色に似ております。大部分の材料がマンジョカで出来上がっているので、パンやご飯よりも栄養の点では上でありますが、味の方は今いち美味しいとは申せません。

それでも暖かいうちは何とか我慢して食べられますが、冷たくなると私にはどうもいけません。歯の内側に、こびりついたり、変な匂いや味で始末におえません。まあ食べた人でないと表現を見つけるのに苦労する代物であります。

そんな売り物でも三回に一回ぐらい買うことにして、訓練所の事務員にプレゼントしたりします。途中、農業試験場に立ち寄る際に、アルバイトの娘たちに挨拶がわりに差し上げたりもしたものです。

この国道六号線二八〇キロの車窓から見える眺めは、空といい、森といい、原野といい、それが朝、昼、夜、雲一つない日、雨の日、霧の日、風の日と色々の顔があって、何回車を走らせても飽きることのない光景が広がっております。ただ残念ながらこれを表現する能力を私は持ちあわせておりません。

しかし、大まかに区分して三分の一が森林地帯といえるでしょう。森林といっても人間に管理されたものではなく、樹高三〇～五〇メートルもある大木の原始林です。アマゾンを思わせる蒸し風呂のような熱帯林とは違って、思いのほか湿度が低いので、外気温が摂氏四〇度あっても林内は比較的涼しいのであります。背の高い雑草のほか、ツルやツタ等が大木に絡まって、足の踏み入れ場もないほどの密林であります。

そして大木の枝や幹の中ほどには名も知れぬ宿り木やランの仲間が密生していて、季節によっては思い思いの色の花を咲かせております。

余談ではありますが、この密林の大木の枝からサボテンのように刺のあるランとおぼしき花を現地の自宅に持ち帰り、栽培方法もわからぬまま、ただ、水のみやって育てていました。現地においては、夏から秋にかけて、即ち三月～四月にかけて、ピンクの花（花弁かも知れません）が咲き、その中からさらに黄色の花が可憐に咲いておりました。ところが、それを日本に持ち帰り、日当たりの良いところに置いていたら、今度は冬から春にかけて（三～四月）花が咲き、さらに変わったことには、黄色い花が釣り糸にくっついている針のように五個も六個もつながって咲くようになりました。

環境の変化がそうさせたのか、突然変異によるものかは分かりませんが、この花が咲き出すと亜熱帯のジャングルを思い起こすのであります。

次の三分の一は原野であります。原野だからといって総てが放牧地というわけではありません。沢を含めた低平地は、おおむね、牛、山羊、羊の放牧地となっております。

それらはもともと密林であった処を、木材を切り出して放置したので原野と化したものか、瘦せ地の上、降雨のたびに地面が冠水するので酸欠状態となり、雑草しか育たない原野となったのかは分かりませんが、水はけの良い高台の赤味がかった玄武岩土壌と違って、針の葉をしたヤチダモのような雑草が瘦せた地にはびこり、時々どういう現象か、灌木が思いついたように立ち並んでいて、その下には黒ずんだ土壌が目に映るのであります。

そんな放牧地には、人間の数よりも牛の数の方が圧倒的に多いこの国のことです、どこにでも牛が群がっているように思えます。しかし、実際には特定の場所で集団となって草を食んでいたり、寝そべって休んでいたりして、簡単にどこででも見かけられるものではありません。

それだけ土地が広いのか、人間や牛の数が少ないのか、ものの見方や考え方によって変わりますが、この牛たちは自然の恵みを受け、静かな環境でノンビリと生きているので、さぞかし美味しい肉になっていると思うのですが、どっこいそうは参りません。

現実は革靴の底をガリガリとかじっているようで、軟らかい脂肪などほとんどなく、赤い肉ばかりで、およそ日本人が考えているような肉とは縁遠いものであります。

しかし、三年近くも顎が痛くなるほどこの肉を嚙んでいますと、歯と歯茎が頑丈となり、いつの間にか甘味もまして美味しく頂けて、日本の肉のように乳臭さがなく食べられるのであります。日本産の牛肉を常時食べ慣れている方には乳臭さは分からないと思います。

この他、高台の見晴らしのよい原野には、国境を挟んで東西一〇キロおきに幾つかの遺跡があって、遅々にではありますものの、中には修復工事も進められております。

これらの遺跡は、いずれも西暦一六〇〇年代に造られたもので、金銀略奪の亡者と化してラプラタ川（rio de la plata）を北上した、フアン・ディアス（スペイン人）を初めとして、その後続々と押し寄せたヨーロッパ人が川岸から内陸へ点々と基地を築き、原住民を征服し、奴隷として働かせたのではないでしょうか。

建物は、おびただしい数のレンガとパロウサントの木（水よりも重く、鉄よりも強いと現地人が言う聖なる木）で出来た、ヨーロッパ風の寺院兼城砦であります。

トリニダードのヘスス遺跡

当時、朽ち果てた建物の内部には、インディオの集団作業場（男部屋と女部屋とが厳重に区分されている）や、中央の教会跡、その下の地下室には拷問が行われていたと思われる、変わった部屋も残っていて、宗教と鞭でインディオたちを牛馬のように働かせていたことが想像されます。

しかし、この地方にはアメジスト、トパーズ、アクワマリン、エメラルドのような宝石はありましたが（現在でも色々の処から産出しています）、金、銀が産出したとの記録はありません。インカやマヤのような強力な社会（国家）は出来なかったのではないでしょうか。

宝石「アクワマリン」のある岩盤

したがって、ヨーロッパ人による迫害はそれほど続かなかったと考えられます。なにぶんにもこの辺りは年間一一〇〇〜一七〇〇ミリの雨が降り、その上気温も高いので過去の遺品は腐敗したと見えて、ごく単純な石造品が残っているだけのような次第です。

残りの三分の一は農地ということになります。その農地のうちごく限られた小川周辺には多少の水田があり、日本人移住者が主食や味噌を作るために、米を栽培しております。総てがジャポニカ米であります。

一方、現地の人びとは米をスープの材料にしたり、パエリヤ（魚介類や野菜、その他を入れてごった煮にしたお粥風のスペイン料理）の中に放りこんで食べたり、お菓子等の加工品の材料として生産しておりますが、これらは総てインデカ米を栽培しているのであります。

したがって、ごく限られた水田以外は畑ということになります。これらの畑は小麦と大豆の連作でありまして、三月から五月の秋には小麦の収穫も終わり、その後に大豆が播種されるのであります。

赤土（玄武岩風化土壌）の広大な台地に、何百ヘクタールにも広がる小麦や大豆が青々と育っている姿は壮観であります。

これらの作物は、外貨を獲得するための輸出産品であります。また、最近は落花生も大分栽培されるようになりましたが、小麦、大豆と肩を並べる農産物にはまだなっておりません。

このほか、最近、野菜が栽培されるようになりましたが、主食のマンジョカやバナナ、ミカン、マンゴーなどは勝手に生えて食べるものとして、まだまだ計画的に農業として栽培するまでには至っておりません。

しかし、これらの農作物の栽培は、焼畑農業に近く、ほとんど肥料は与えません。いくら地力のある土壌といっても限りがあります。収穫された後の畑はエロシオン（土壌流失）が激しく、どこでも側溝や畑の底部に砂鉄が層をなして黒々と光っております。

サマータイムになって三日目の朝には、太陽はすでに掘割の上に昇っておりました。少なくとも一日最低一三〇キロ走行しなければ通勤出来ない自動車では、燃料タンクの目盛りの針もすぐ零に近づいてきます。市外の外れの、いつものガソリンスタンドで燃料の補給にかかりました。すると、顔馴染みの店員が、

「今日は、燃料は品切れである」と言うのです。

なぜかと聞いても分からないと言います。仕方なく市内のガソリンスタンドをくまなく探し廻りますが、どの店も申し合わせたようにないのです。

昨日まであったものが、今朝になって突然姿を消すのは理解に苦しみます。少なくとも、テレビや新聞でガソリンがなくなるという報道はなかったはずです。これでは訓練所までは行けません。イライラしていると、ベテランの友人がニヤニヤしながら、

「別にアタフタすることもないでしょう。燃料がなければ職場に行かなければよいのであって、そのうち出廻るようになるから心配することはないよ」とのことでした。

そんなことで、訓練所へ行けないとの電話を掛けようと、アンテルコ（電話局）に向かいました。まだ早い朝にも関わらず、アンテルコは思いのほか客が多いのです。私同様動けないの

下町の商店街の風景

でそれぞれ対応を打ち合わせているようでした。

三十年前を思い起こすように、受話器を耳に当てながら、訓練所を呼び出すのですが、一向に繋がりません。係員にその理由を尋ねると、現在、訓練所では三ケ月も電話料金を滞納しているので接続線が取り外されている、そして早く支払ってくれるように上部機関（農牧省）にお願いして欲しい、と逆に頼まれる始末でした。

そんなことで腹の立てようもなく、すぐ物価に跳ね返るだろうと思い、下町へ買出しに行きました。別に今すぐ買うものもないのですが、同じ物が、倍にも、三倍にも跳ね上がれば何となくシャクにさわります。早速スーパーの店内を物色しました。中には同じ品物でも値段の違うものもあり、値上げはしたが商札の書き換えを忘れたものがあると思っていましたら、そうではなく、れっきとした理由が存在したのであります。

それは同じ品物でも安い価格で仕入れたもの、高く仕入れたもの、それぞれの仕入れ価格に経費と利潤を加えて販売価格をつけるので、当然同じ品物でも値段に差があるのは当たり前と、店員の言い草であります。

なるほど、実に明解な理論でして、とても日本の商品では考えられないことであります。日本の物価は、大雨によって生ずる洪水のようなもので、需要が多くなったり、品物が不足すると、急激に物価が上昇します。しかも、需要や原価が下がってもなかなか値段は下がらないのが普通であります。

したがって、この国ではアダム・スミスの『国富論』は通じないのでありまして、商店は物を買ってもらうのではなく、「物を売ってあげる」という捉え方のようであります。

その次の朝、いつものガソリンスタンドに行きました。昨日はなかったガソリンがその日はあると言う、つまり売ってくれると言うのです。

ベテランの先輩が話してくれた通り、リットル当たり五グワラニーの値上がりでした。

政府も経済活性化のため公共的なものの値上げはしないと言っていますが、それは表向きのこと、実際はどうなっているのかさっぱり分りません。隣国との関係もあって、一国だけでは思うように行かないのかも知れません。

何日間かを判で押したように朝早く出勤し、夕方まだ太陽がギラギラと輝いている時間帯に帰る日々が続きました。

そんな日々が一ケ月近くも続いた頃のある日のことであります。チイパー売りが今までの女性から若い青年に変わりました。理由は分かりませんが、このようなことは別に珍しいことでもないようです。首都の街頭では子供たちの物売りもよく見かけます。

敗戦直後の日本でもよく見かけた光景ですが、私たちの年代では、童話や映画にでてくる、マッチ売りの少女とか、貧しい花売り娘を思い出して哀れになるのですが、中南米では、靴磨きや自動車の窓拭き、チイパー売り、新聞配達などはほとんど子供の仕事であり、実際にこれらの場面に遭遇してもまったく暗さはありません。

彼等のもつ陽気な性格によるものでしょうが、エンジョイしながら仕事をしているからでしょう、売れても売れなくても関係がないという風なのです。ただ、売れなければ生活は苦しい、でも、死ぬこともないと考えているのでありましょうか。

そんなことで、青年のチイパー売りに変わりましたので、これからは娘が売っている時のように鼻の下を伸ばしてチイパーを買わなくてもよくなりました。

日本以外の国では二、三回も同じ人と顔を合わせると、誰でも挨拶を交わすのが普通であります。それにしてもこの青年は、非常に好意をもって挨拶をしてくれるのでありました。

なぜでしょうか。もしかしたら女性チイパー売りの恋人なんでしょうか。女房が帰国している間、領事に叱られながらも、酔っぱらって夜中の二時ごろ大声を張り上げて、知らない青年と肩を組みながら大道を闊歩しましたが、その時の青年なのでしょうか、我が家ではアサード（焼肉）パーティーを一、二ケ月置きに開いて訓練所の教師や職員を招待しておりました。その際、時々見かけない男女や音楽を披露すると称して、五、六人の青年が断りもなく楽器をもって参加することがありましたので、そんな時の一人かも知れません。しかし、確かなことは分かりませんでした。

我が家の裏庭でのパーティー

それは別としても、この青年は私が同僚たちと自動車で通過しても、私にだけ特に好意をもって挨拶をしてくれているように思えてなりません。私の一人の早合点なのかもしれませんが。

ある日、私と女房の二人でこの料金所を通過した時のことです。彼は自分の売っているチイパーをくれると言うのです、たいした収入もない青年の売り物を貰うわけにもゆかず、一〇〇グワラニを差し出すのですが、どうしても受け取りません。なぜかと聞くと友達だからと言うのです、友達からお金を貰うことは出来ないと言うのであります。

いつの間に友達になったのかよく分かりませんが、その後も女房と二人きりの時は必ずチイパーをくれるのであります。

そんなことで、お礼の積もりで写真を撮ってやったり、古くなったネクタイなどをやったりしておりましたが、ネクタイの時などは、明日このネクタイを締めて料金所にいるから、必ず女房と二人で見て欲しいと言ったりするのです。だんだんわが子のように思えてきて、料金所を通過するのが楽しみの一つとなりました。

そんなある日、末娘が、親たちはどんな処でどんな生活をしているのか、この目で確かめたいと手紙をよこしました。

そこで、この手紙をチイパー売りの青年に、日本語も分からないのに見せたのであります。自分のことのように喜んで、その後料金所を通過するたびに「いつ来るのか、いつ来るのか」、「この町に着たら必ず会わせてくれるように」、さらには、「楽しみに待っている」と言うのであります。

この話を領事館に出向いたとき副領事に喋ると、副領事曰く、

「物事にはほどほどということがある。そのうちオンブにダッコになりかねないので、最後まで面倒を見る積もりであればよいが、あまり深入りして抜き差しならぬようにはなるな」と忠告されました。

さすが外国専門相手の人間だなあと感心もし、外交官とはかくも冷たいものかとも思いましたが、この町に逗留するのはあと半年もありません。でも友達としていかに付き合うべきかを考えさせられる発言でもありました。

そんなことを言っている間に我が娘がやって来たのであります。

その頃は来なくなっていましたが、子供やセニョリータたちが日本語を勉強したいと我が家に押しかけてきていました。実際はお菓子欲しさに来ていたのでありますが、日本から娘が来たと聞くと、会わせろとまた押し掛けてきました。プレゼントをねだっているようでもありました。そんな騒ぎも一段落して、いよいよ農業試験場、訓練センターや途中にある二ケ所の遺跡、日本人移住地、ドイツ人移住地並びに日頃よく食事するドイツ料理店等を案内することにしたのであります。

そうなると、どうしても料金所にいるチイパー売りの青年に娘を会わせることになるので、我が家族だけで行動することにしました。初夏の午前一〇時も過ぎると体温以上に気温が上昇し、熱気が遠慮なく肌に食い込んでまいります。

一五万キロも走ったオンボロのマイカーでは思うように冷房が効いてくれません。汗を拭き拭き六号線の料金所に向かいます。真っ赤なマイカーが我が家のトレードマークであります。目立つと見えて遥か先から大きく手を振って、かの青年が私たちを迎えてくれたのであります。

そんなことで、料金所の傍の火炎樹の木陰で休むことにしましたが、娘に貰った日本のキャラメルを「ブェノ」、「ブェノ」と繰り返しながらいつまでも上達しない日本語でたどたどしく喋っておりました。

その後、帰国までの約一〇〇日間、この青年と何回か会う機会がありましたが、そのつど早く日本語が上手になりたい、今は一生懸命勉強中であると言っておりました。私自身この国に三年近く住み、家庭教師までつけながら、この国の言葉を自由に話したり聞いたりすることが出来なかったもどかしさを、この青年の姿にかい間みる想いがして、今もって心に残る青年であります。

（一九九七年十月三十一日）

紐さんの住む町

「この国に　紐と雲助　おじゃるとは」、時代劇や時代小説に興味のある方は別として、最近は「紐」とか「雲助」という言葉を耳にすることは極めてまれとなりました。

そんなことで、特に若い方は「雲助とはなんだ」とおっしゃる方もあると思い、念のため辞書を繙(ひもと)いてみました。まず「紐」でありますが、本来の解釈の他に情夫と記してありました。ヤクザな男とか仕事嫌いななまけものの男といった類いでしょう。

ここでいう「紐」とは、能登の「トト（父）楽」（能登地方の女性は主人をとても大切にする習慣があり、北陸の人はよくご存知のことと思います）をさらにオーバーにした生活習慣と申し上げておきましょう。

次に「雲助」でありますが、「駕籠かき、人の弱みにつけこんで金を脅しとったりするいやらしい性質をののしって言う言葉」とあり、特に、江戸時代の箱根の雲助にそうした性質の悪い者が多かったようです。雲助の話は別の機会に譲るとして、「紐さんの町」について、話を進めたいと思います。

この町は、温暖な海から二〇〇キロ以上も離れた内陸部の高原にあり、冬でもめったに雪の降らない温暖な地方にあります。

日本と同じように地震大国であります。幾度となく地下のマグマが大爆発を起こし、大量の火山灰が噴出し堆積してできた台地なのです。そのため、近くには（近くと言ってもバスでは小一時間ほどかかる所ですが）、ネクロポリス（死者の都市）やヒエラポリス（聖なる都市）といった紀元前後に出来た古墳や都市の遺跡がありますが、紀元一七年、紀元六〇年の二度の大地震によってすっかり破壊され、見るも哀れな姿となってしまいました。

しかし、地震国でありながら、このあたりはあまり急峻な山や深い谷もなく、北海道の富良野地方をさらに大きくしたような地形で、南北に褶曲（しゅうきょく）して出来た山脈があり、東西には限りなく広くて平坦な平野があります。

それでも緯度的には北（北緯四〇度程度）に属するためか、枝の多い杉の木や松（トウヒの類）、それに柳の木で、原野や畑の周囲が覆われております。

整然と区画整理されている畑には絨毯の材料となる綿が栽培されていましたが、私が訪れた時は、端境期（はざかいき）で何も植わっておりませんでした。それ以外の畑は羊や牛の放牧地となっております。当時は背の低い牧草が弱々しく生えそろっていました。

街並みはと申しますと、今どきにしては珍しく、舗装されていない自然の道路が南北に縦貫していて、その道路に沿って両サイドに思い思いの家が立ち並んでおり、その数およそ四、五〇軒ではなかろうかと思います。いわゆる、海岸線によくあるフンドシ街といったところでしょうか。その道路は、人や車の他に羊や牛、馬（ロバ）の通勤路になっているようで、私たちがこの街を訪れて三〇分も過ぎた頃、牛の群れが、思い思いに自分の家に帰っていきました。

家そのものは何の変哲もない、極めて平凡な建て方でありますが、よくよく見ますと、屋根の上、つまり日本流に申しますと鬼瓦の位置に、瓶（一升瓶程度）が取り付けてある家があり、中には左右二本の瓶を配している屋根もありました。一体何のためにこのようなことをするのか不思議でありましたが、ガイドの説

明では、嫁入り前の娘がその家にいるという目印とのことでありました。つまりお婿さん募集の標識であります。

この国へ旅行にきてすでに三日が経ちました。ホテルで働く女性たち、商店街や観光地で物を漁ったり、買い物をする時は、相手のほとんどが若い娘たちでありました。スタイルがよく、総てが美人だとは言わないまでも、顔立ちが整っていて綺麗にみえました。その上、宗教のせいでしょうか、まことに慎ましいという印象を受けるのであります。

美人の定義は人によって違いがあるので一概には申せませんが、男性から見た場合、まずスタイルがよいこと、目鼻立ちが整っていること、魅力を感ずること等が考えられます。右の写真のような女性は美人と言えるのではないでしょうか。

話はだんだん本題から遠ざかっていくようですが、バスから眺めた範囲では、確か四、五本の瓶が屋根の上にあったように思いました。

この国では四人まで妻として嫁を貰うことが出来ますので、少なくとも写真のような美人の

オッパイの大きいのに驚きました

一人や二人を女房とすることは出来るのではないでしょうか。
そして主人を大事にしてくれる女房と生活を送るとなると男冥利に尽きるのではないでしょうか、そんなことを古希すぎても考えるなんて、「雀百まで踊り忘れず」とはよく言ったものであります。

我々が専用バスでこの町を訪れた時は春まだ浅く、太陽が西の端の彼方に四五度ほど傾いた頃でありました。

町のあちらこちらの通りで五、六人の男（紐）がたむろしておりましたが、ちょうど日本の女性の井戸端会議によく似ております。

かつて南米に住んだことがありますが、こちらでも夕方とか土、日になると朝から、椅子を出して四、五人が何をしているのか分からないのですが、集まっては盛んに時のたつのも忘れて喋っています。初めのうちは、その前を通ると皆がもの珍しそうに私を眺めますので何となく恐ろしい思いをしたものでした。しかし、だんだん慣れるにつれ、年寄りの井戸端会議と思うようになって、誰彼なく挨拶をして通るようになりました。

街のほぼ中央にあるレストランの前でバスが止まりました。レストランの中にいた五、六人の紐さんたちが、突然、我々が訪れたので何事かと驚いていました。慌てて薪ストーブに火を入れて歓迎してくれました。そして日本人客全員にチャイをご馳走してくれたのであります。

後でチップを渡しました。

　これを見ていた、通りの角でたむろしていた同じ紐さんたちも、なんとなく集まって、我々とチャイを飲みながらストーブを囲み、雑談が始まったのであります。

「今日は」と言いますと、

「メルハバ」と答えてくれます。

　雑談をするといっても、お互いに理解する共通の言葉を探さなければならないのですが、私のほうから
「ジャポネ？」と言いますと、手を左右に振ります。それで、

「イングリッシュ？」と言いますと、更に手を×にします。最後に、

「エスパニョル？」ではどうかと持ちかけたのですが、

「ポコ」の返事が返ってきて埒があきません。彼らは、この国に来たのだから、

「テュルキエ」は話せないのかと聞いてきます。答えないと、それならば、

「ドイチエ」ではどうかとも聞くのです。

　そんなことで共通語がなくて、どうしても言葉はチグハグします。仕方なく手の動作や顔の表現でお互いが分かるまで同じことを繰り返し、意思の疎通をはかっておりました。どうしても分からない時はガイドを呼んで通訳をしてもらいました。

「女性たちの姿が見えないが、どうしているのですか」

「家内は織物や家事で忙しいので、とてもこんな所へは出てこられない」

「奥さんは何人いますか、皆、美人でしょうね」

笑いだけで返事がありません。

「農作業が始まるまで暇なので、皆さん集まって話しているのですか」

「そんなことはない、いつも同じように集まっている」

「農作業が始まったらどうしますか」

「綿の栽培、刈り取りなど総て女たちがすることになっている」

「そうすると朝から毎日井戸端会議ですか」

「弁当を持ってくる人もいるが、昼もチャイだけで済ます人もいる」

「あなたはドイチエを話すというが、どうしてですか」

「ドイチエにはこの町から沢山でかけている」

「日本人客がくることがありますか」

「日本人客だけでなく、お客はめったにこの町にきたことがない」

ところで、今ここに集まっている紐さんはせいぜい十五、十六人ですが、あと何人の紐がこの町に住んでいるのは分かりません。でもこの人達の年齢を想像するに四十歳以上と見受けられます。

そうなると独身の男性は一体どうしているのでしょうか？　新郎募集の瓶が屋根に上がっているいる以上、若者がいないというのも不思議であります。現にバスを運転している〇〇さん（名前を忘れました）もブルガリアから出稼ぎにきてそろそろ一〇年が経つということです。

したがって、この町の若者は嫁を貰うためには莫大な結納金がいるので一〇年も二〇年もドイツ、リビア、サウジアラビアへ出稼ぎにいっているのではないでしょうか。そうなると紐になるのも結構大変なことで、「トト、楽」とばかり言ってはおれないのかも知れません。

日暮れも間近くなりました、これから今宵のホテルまでどのくらいかかるか分かりませんが、早く一休みして次の旅に備えなければなりません。そしてこれからの旅の夢を追いながら一〇〇〇キロも離れた山合いの地で、クルド人にイスラム社会の歌と踊りを教わるため、スタンキューの町（紐さんの町）をあとにしたのでありました。


（二〇〇二年七月十八日）

あとがきに代えて

井上千尋

父が勤め先の会報に綴りました文章を再び目にする機会に恵まれ、心から感謝いたしております。出版に当たり、再度原稿を読みかえすことができ、当時の父の様子が心に蘇ってきました。父もまだ若く、遠い南米の国へ技術指導に訪れる機会に恵まれて、あちらであちこち旅行していたようです。思わずクスクス笑いながら父の文章を読み、案外ユーモアのセンスのある人だったのだなあと、日常で接する厳しい面とは違った父の姿に心を和らげたりしております。

赴任先のパラグアイから日本に戻ってきた当初は、よほど印象が強かったのでしょうか、会うたびにいつも南米の話をしておりました。そのときのさまざまなエピソードが今再び、私たちの前に現われてきたような気がいたします。

文章に残されることで、今後もずっと父と一緒に旅をしているような気分を味わうことができます。父が傍にいて面白おかしく語り続けてくれます。本の形にできまして本当に良かったと思います。

父の本を読んで頂き、父を思い出して頂けたら幸いと存じます。

刊行にあたって

井上秀樹

義兄の志水貞夫は、平成二十八年七月、八十六歳で天寿を全うしました。夏の暑い盛りでした。姉からその知らせが届きました時、一瞬、私の心の中に、取り返しようのない、悔いの気持ちが広がりました。

その日を遡ること十数年前、義兄から、一通の手紙を添えて、タイプ打ちした紀行文を受け取っていました。

前略

旧盆が過ぎたというのに依然として暑い日が続いております。皆様、この暑さに負けず元気でお暮らしのことと察しますが、いかがですか。小生も今年の一月末をもって退職いたしました。振り返ってみると七十二歳と半年でありました。（……）ようやく暇も出来のんびりと毎日をエンジョイしているところで御座います。そんなことで暇にまかせて今まで各所に発表したものを整理してみました。暇が出来れば読んでみて下さい。　不一

平成十四年八月二十七日

志水　貞夫

当時、定年を前にしていた私は、忙しさにかまけて、「明日には」、「明日こそは」と気に掛けながらも、とうとう礼状も感謝文も出せずにいたのです。

義兄はパラグアイ赴任から帰国し、ほどなく農林省を退官しました。専門としていた農業土木のコンサルタント会社に再就職し、埼玉県の上尾市に居を構えていました。私の住まいする兵庫県奥播磨からはずいぶんと遠隔の地でもあり、そんなことも無沙汰の因になっていたのかもしれません。以来、私の心の中には「借り」の気持ちが大きく膨らんでいました。

二十九年の夏に、義兄の一周忌を終えて、姉二人と蓼科高原に二泊三日の旅をしました。私たち姉弟は三人とも、すでに配偶者を見送っていました。長年の自責の念もあって、義兄の文章を本にしてはどうかと、恐る恐る提案いたしました。ちょうど姉の長女夫婦も同席していて、「それは嬉しい！」と喜びの声を挙げてくれました。

元来、義兄のこの原稿はＯＢ会などから依頼を受けて書いたものらしく、年に一、二度何らかの会

誌に寄稿した文章のようでした。それをまとめて手作りの文集を作ったのでしょう。昔気質の義兄らしい、正義感や人間味溢れる視点や情感豊かな表現に、思わず笑いがこみあげたり、ほろりとさせられたりしました。同時に、この文章を多くの方々に読んでもらいたいと思いました。

ただ、原稿が横書きであったために、全文を縦書きに機械修正しなければならず、その作業の途中で多くの読み取りミスが生じたり、旧仮名づかいを直したりで、思わぬ時間がかかってしまいました。


長姉たちが結婚しましたのは昭和三十三年四月十日でした。私はまだ中学一年でした。でもその頃のことは今もはっきりと記憶に残っております。ちょうど一年後の同日に、今上陛下のご成婚があったからです。

人の世に栄華盛衰があるように、わが家にもさまざまな時期がありました。祖父の代には多少の余裕もあったらしく、蔵には入り口まで米俵が詰まっていたと聞かされたものでした。しかし、父が昭和二十年二月に戦死し、祖父母と母、そして姉二人と私の六人家族になりました。祖父が歳を重ねるにつれて農作業が過重となり、所有地は小作に切り替えていました。そのため農地改革も影響して、所有地はさらに少なくなりました。祖母は姉の縁談が持ちあがる少し前の昭和三十年四月に亡くなりました。祖父は健在でしたが、八十歳を超えていました。そんな我が家にはもう勢いというものがありませんでした。そのような頃に長姉の縁談が持ちあがったのです。あたらしい風が吹き込んできたと感じました。

義兄は、当時の田舎ではめずらしく大学卒でありました。また、堅い農林省勤めでありましたから、この上ない良縁だと家中が活気づきました。ただ一つ、赴任先が北海道だということが祖父と母親の心を少し不安にしたようです。当時の我が家にとって北海道はあまりにも遠く未知の世界だったのです。今ではばかげた話ですが「生き別れ」になるかもしれないと二人は心配したのです。そのような雰囲気は幼かった私の心にもストレートに伝わってきました。ところが、当の長姉は何とも思っていないらしく、「別に、遠くても構わない」と平然としていたことも忘れられません。姉は学生時代を家族と離れて京都で暮らしましたから、平気だったのかもしれません。

やがて家族も納得して、昭和三十三年四月十日を迎えたのでした。結婚後、姉たちは北海道農政局のあった札幌市で新しい生活を始めました。二年ほどすると、さらに遠い網走へと赴任していくのです。

遠くへ、遠くへと去っていく姉たちとは生活の場は離れてしまいましたが、奥播磨の片田舎に住む私たち家族に、以後、想像もできなかった遠い未知の世界をいっぱい展いてくれました。とりわけ中学・高校時代の私には、多くの夢を育んでくれました。

当時はまだ珍しかった、北海道の風景などを写した『写真集』、トラピスト修道院、蝦夷富士と呼ばれた羊蹄山、札幌農学校、クラーク博士の銅像、時計台等など、私たち家族は、居ながらにして遠い北海道を旅しました。黒く丸い筒缶に入った煎餅「山親爺」、ミルクのたっぷり入ったその味は田舎では口にすることのできないもので、近くの親戚に配りながら、誇らしい気持ちになったものでした。

網走からは、「ジンギスカン」といって屋外で「羊のお肉を焼いて食べるんだよ」とか、「もうもうと煙が立ち、屋内ではとても体験できない料理だよ」といった便りがとどき、思わず生唾を呑み込みました。しかも、「内地に比べて物価が安くて生活がしやすい」と、姉は、心配する母を安心させる便りをくれました。そののち、新潟、金沢、上越、浜松と日本の各地に赴任して、そのつど、珍しい風習や生活を伝える便り、その土地の特産物などが届きました。

昭和三十三年七月には祖父が亡くなり、次姉もその後嫁いで、わが家は母と私だけになりました。しかし、姉たちから寄せられる赴任先でのさまざまな体験や知識が、二人だけの寂しい生活をいつも彩ってくれました。

義兄の現役最後の赴任先は南米のパラグアイという遠い国に決まったのです。それこそ「生き別れ」を予想させる未知の国です。「パラグアイはとっても親日の国だよ」と姉は、不安がる母を安心させて赴任していきました。学生だった二人の娘も日本において、夫婦二人だけで赴任しました。姉からは毎月のように、母へ手紙が届きました。ここにお届けするような生活を、二人は楽しんでいたことでしょう。

結婚後も実家に住み続け、村を出なかった私に取りましては、姉たちの赴任先は、まるで別世界です。決して村の生活が嫌なわけではありませんが、人は時に、どうしようもなく別世界に飛び出したくなるものです。私たち夫婦も、夏休みになると子どもたちを連れて、姉たちの赴任先によく旅したものでした。さすがにパラグアイまでは行けませんでしたが。義兄の綴りました、この『ある陽気な旅』を何度も読み返しながら、当時のことを思い出しています。姉からの手紙を嬉しそうに読んでいた、今は亡き母の姿が蘇ってきます。

そんな義兄も旅立ってしまいました。今回、『ある陽気な旅』の出版を手伝うことで、存命中には口に出せなかったさまざまな感謝の言葉を、また最初にこの紀行文を受け取った時の「借り」の気持に対する、せめてもの「詫び」の言葉を伝えることができればと思っております。

なお、末尾になりましたが、発刊に当たり、文章の指導をしていただきました、姫路市立生涯大学校講師の大竹仁子先生（フランス文学者）、鳥影社・ロゴス企画の樋口至宏氏には大変お世話になりました。義兄に代わり厚くお礼申し上げます。

恐　懼

平成三十一年一月

著者紹介

志水貞夫（しみず・さだお）

昭和四年七月十八日、兵庫縣神崎郡田原村西田原生れ。昭和二十六年三月、旧制東京農業教育専門学校 (現筑波大学)　農業土木科卒業。同年四月農林省北海道開発局に入省。以後技術系職員として網走、新潟、富山、金沢、静岡、パラグアイ国に赴任。

ある陽気な旅
――パタゴニアを超えて――

二〇一九年二月二五日初版第一刷印刷
二〇一九年三月一〇日初版第一刷発行
定価（本体一〇〇〇円＋税）

著者　志水貞夫
発行者　樋口至宏
発行所　鳥影社・ロゴス企画
長野県諏訪市四賀二二九―一（編集室）
電話　〇二六六―五三―二九〇三
東京都新宿区西新宿三―五―一二―7F
電話　〇三―五九四八―六四七〇
印刷　モリモト印刷
製本　高地製本

ISBN 978-4-86265-724-4 C0095

好評既刊

（表示価格は税込みです）

もっと、海を——想起のパサージュ
イルマ・ラクーザ
新本史斉訳
国境を越え、言語の境界を越え、移動し続けるラクーザ文学の真骨頂。多和田葉子の推薦エッセイ収録。　２５９２円

午　餐
フォルカー・ブラウン
酒井明子訳
両親の姿を通して、真実の愛の姿と戦争の残酷さを子供の眼から現実と未来への限りない思いを込めて描く。　１６２０円

わたしのハートブレイク・ストーリーと11の殺人
ミレーナ・モーザー
大串紀代子訳
愛しているから殺したいという内奥の声を聴くことがある。自ずと迸るユーモアと生命力に溢れる短編集。　１６２０円

東ドイツ映画　デーファと映画史
S・ハイドゥシュケ
山本佳樹訳
近年、急速に高まる東ドイツの映画の魅力をコンパクトに最適に紹介する。その多様な面白さに迫る。　２３７６円

三つの国の物語　トーマス・マンと日本人
山口知三
一九二〇年代から三〇年代にかけてのマン受容の様態をドイツ、アメリカに探り、日本における落差を問う。　２９７０円